Die Verbote

gegen den

Handel in Werth-Papieren und Aktien.

Ein Commentar
zu den Verordnungen vom 19. Januar 1836, 27. Juni 1837,
13. Mai 1840, 24. Mai 1844.

Von

L. Volkmar,
Rechts-Anwalt am Königlichen Ober-Tribunal.

Berlin.
Druck und Verlag von Georg Reimer.
1857.

Vorwort.

Wenige Gesetze greifen tiefer in das innere Getriebe des Handels, als die Verordnungen vom 19. Januar 1836, 13 Mai 1840 und 24. Mai 1844. In Zeiten augenblicklicher Bedrängniß, aus Mitleid „für die bedeutenden Verluste eines beträchtlichen Theils der Unterthanen“ erlassen, haben sie das vorgesteckte Ziel bei Weitem überschritten. Die Regel ist, daß gegen Gesetze dieser Art ein heimlicher Krieg sich eröffnet. Man ist bemüht, das Gesetz zu drehen, zu deuten, zu umgehen. Diese Regel trifft hier nicht zu. Seit dem Entstehen einer colossalen Papierwelt hat man jene Verordnungen so vollständig ignorirt, als ob man sie todtschweigen könnte. Der Handel in Papieren aller und jeder Art, von den Aktien einer imaginären Bank- und Handelsgesellschaft, bis zu den Kuxen eines eben so imaginären Bergwerks herab bewegte sich ohne Schranken und Fesseln. Zeitkauf- und Lieferungsgeschäfte, Stell- Noch- Wandel- Prämien-Geschäfte waren an der Tagesordnung, während Mäkler, Pfuschmäkler, Commissionäre und wie immer die Vermittler heißen mögen, so wenig die Existenz der Verordnungen zu ahnen schienen, als die Committenten selbst.

Es ließ sich erwarten, daß auch dieser, mit den politischen Verhältnissen im innigen Zusammenhang stehende, nur zu nervöse Zustand vorübergehen würde.

Die Noth macht nicht nur erfinderisch, sie lehrt auch die Kenntniß der bestehenden Gesetze; sie sucht und findet selbst in den Gesetzen Waffe und Rüstzeug.

Wo Zahlungseinstellung unvermeidlich, begann man bald zwischen legalen und illegalen Glaubigern sorgsam zu unterscheiden. Um ein recht ehrlicher Mann zu bleiben oder zu werden, wurde man mit einem Male ein sehr gesetzlicher Mann.

Was der Einzelne sich zu thun scheut, das wird wol doch von dem Vertreter einer Gesammtheit begehrt. Man hat die Verwalter der Concursmassen, die Syndiken der Fallissemente auf die Verordnungen von 1836, 1840 1844 hingewiesen.

Muß nach Artikel 437, 441 fg. des Code de commerce (Vergl. Concurs-Ordnung §. 15 fg., 99 fg.) selbst der Wechselinhaber diejenigen Wechselbeträge, welche von dem späteren Falliten in der Zeit zwischen dem das Fallissement aussprechenden Urtheil und dem durch dieses Urtheil bestimmten Datum des materiellen Falliments gezahlt sind, zur Fallimentsmasse zurückzahlen, was Wunder, wenn die Zurückzahlung der Differenzen verlangt, die Nichtigkeit ungültiger Verträge durch Klage gefordert wird!

So sind denn jene Verordnungen wiederum praktisch nnd, wie es scheint, selbst in ihrem strafrechtlichen Theil sehr praktisch geworden. Die Anfragen häufen sich; man will Gutachten von den Advocaten, man will namentlich wissen, in welcher Weise diese und jene Frage von dem höchsten Gerichtshofe entschieden ist. Die Fragen scheinen sehr brennend zu sein.

Das Bedürfniß wird daher das Erscheinen des kleinen Buches rechtfertigen. Ich habe dabei zumeist die gedruckten und ungedruckten Urtheile des Ober-Tribunals benutzt. Auch Gräff in seinem Archiv für das preußische Handels- und Wechselrecht (Breslau 1844) hat die Materie behandelt. Ueber die Verordnungen enthalte ich mich des eigenen Urtheils. Der Ober-Tribunalsrath Gelpke, Zeitschrift für Handelsrecht Heft I. S. 21, bemerkt darüber:

> Zeitgeschäfte aller Art haben sich gebildet, sind täglich im Wachsen und machen auf Schutz und Anerkennung in allen ihren Beziehungen auf dem Rechtsgebiete dringend Anspruch. Die hauptsächlich in Frankreich, unter Verkennung der Natur aller großartigen Handelsgeschäfte als gewagter Geschäfte überhaupt, in das Recht eingedrungene Ansicht, daß ein derartiges Zeitgeschäft als eine Wette, ein Spiel, anzusehen sei, dem im Interesse der Staatswirthschaft und des zu erhaltenden allgemeinen Wohlstandes die Gültigkeit versagt werden müsse, wird jetzt wohl allgemein als unbegründet und unhaltbar anerkannt. Es ist hiermit, wie mit den Wuchergesetzen, und allen gegen den freien Verkehr gerichteten Verbotsgesetzen ähnlicher Art. Sie können sich nicht in Kraft erhalten. Die Erfahrung hat dies auch in Preußen in Ansehung der den Effektenhandel beschränkenden Verord-

nungen vom 13. Mai 1840 und vom 24. Mai 1844 bewährt. Die Zeitgeschäfte haben sich, ungeachtet die Aufhebung dieser Gesetze bisher vom Staate noch nicht ausdrücklich ausgesprochen worden ist, bis zum jetzigen Augenblick fortwährend vermehrt. Die verschiedenartigsten Gegenstände des Verkehrs bilden heut zu Tage die Objekte einer solchen Spekulation. Dieses Gebiet wird fort und fort mehr ausgebaut. Die Zukunft läßt immer neue Stadien in dieser Art des Geschäftsbetriebes erwarten. Die allgemeine rechtliche Anschauung hat sich nach und nach auch mit der Ansicht der Gesetzlichkeit des letzteren vertraut gemacht.

Schon das ist ein großes Uebel, daß für denselben Gegenstand drei Gesetze gegeben sind! Die Aufgabe des Handelsstandes wird es sein, alle gesetzlichen Mittel zu versuchen, um die Aufhebung der Verordnungen von 1836, 1840, 1844 zu erwirken. Bis dies gelungen, wird es gut sein, sie genau zu kennen. Schon das ist ein Vortheil, zu wissen, daß man sich auf einem Vulkan bewegt! Die Kenntniß der einschlagenden Gesetze und Urtheile ist für den Handelsstand mindestens eben so wichtig, als die Errichtung von Handelsgerichten.

Berlin, im Mai 1857.

I.

Verordnung, den Verkehr mit Spanischen und sonstigen, auf jeden Inhaber lautenden Staats- oder Kommunalschuld-Papieren betreffend.

Vom 19ten Januar 1836.

Wir Friedrich Wilhelm, von Gottes Gnaden, König von Preußen u. s. w.

Nachdem Wir von den bedeutenden Verlusten Kenntniß erhalten haben, mit denen ein beträchtlicher Theil Unserer Unterthanen in Folge der Reduktion der Spanischen Staatsschuld betroffen worden, finden Wir, in Erwägung der dringenden Gefahr neuer Verluste für diejenigen, welche sich an dem Verkehr mit Spanischen Staatsschuld-Papieren betheiligen, Uns bewogen, mit Vorbehalt der gänzlichen Inhibirung dieses Verkehrs in Unsern Staaten, demselben insoweit Schranken zu setzen, als es zur Zeit die Rücksicht auf die gegenwärtigen Besitzer solcher Papiere gestattet. Zugleich haben Wir es für nöthig erachtet, den verderblichen Mißbräuchen, welche sich in dem Verkehr mit Staats- und Kommunalschuld-Papieren überhaupt offenbart haben, durch gesetzliche Maaßregeln zu begegnen. Indem wir die weiteren diesfälligen Vorschriften Uns vorbehalten, verordnen Wir demnach auf den Antrag unsers Staatsministeriums für den ganzen Umfang unserer Monarchie vorläufig, wie folgt

§. 1.

Verträge, welche nach Publikation[1]) der gegenwärtigen Verordnung über Spanische Staatsschuld-Papiere irgend einer Art errichtet werden, sollen nur dann, wenn sie sofort von beiden Theilen Zug um Zug[2]) erfüllt werden, rechtsgültig, sonst aber ohne Ausnahme nichtig sein, und es soll eine gerichtliche Klage aus dergleichen Verträgen überall nicht zugelassen werden, auch aus Vergleichen,[3]) welche über Geschäfte in Spanischen Staatsschuld-Papieren geschlossen werden, weder Klage noch Exekution stattfinden.

1) Nach Publikation.

Unter dieser Publikation ist nur eine vorschriftsmäßige und vollständige zu verstehen, wie sie im §. 4 der Verordnung vom 18. März 1811 vorgeschrieben ist.

Die Nr. 3 der Deklaration vom 14. Januar 1813 ist somit auf diese Publikation nicht anwendbar.

Vergl. Urtheil des Ober-Tribunals vom 7. August 1848 (Nr. 1).

2) Zug um Zug erfüllt werden.

a. Die Uebergabe der sämmtlichen verkauften Papiere muß gegen sofortige Berichtigung des ganzen Kaufpreises Zug um Zug erfolgen.

b. Wird über den Kaufpreis ein Schuldschein ausgestellt, so wird durch diese Novation dem Gesetze nicht genügt.

Vergleiche Urtheil des Ober-Tribunals vom 23. April 1850 (Nr. 2).

c. Novation. Wird zur Tilgung des Kaufpreises ein Darlehn von dem Verkäufer versprochen, die Darlehnssumme mit dem Kaufpreis kompensirt und über das Darlehn ein Revers ausgestellt, so wird durch diese Manipulation dem Gesetze nicht genügt.

Vergleiche Urtheil des Ober-Tribunals vom 25. April 1850 (Nr. 3).

d. Compensatum. Werden die Papiere nicht realiter übergeben, sondern diejenigen, bei denen sie für den Verkäufer liegen, nur angewiesen, sie dem Käufer sofort zu behändigen, so ist das Geschäft von Seiten des Verkäufers sofort erfüllt.

Vergl. Urtheil des Ober-Tribunals vom 23. April 1850 (Nr. 2).

e. Zug um Zug. Ist das Geschäft z. B. am 3. Januar 1846 zwischen den Partheien abgeschlossen, jedoch erst später — z. B. am 13. Januar 1846 — von ihnen Zug um Zug erfüllt, so ist dem Gesetz nicht genügt.

Das Ober-Tribunal nimmt im Widerspruch mit dem Kammergericht das Gegentheil an.

Vergl. Urtheil des Ober-Tribunals vom 25. April 1850 (Nr. 3).

f. Wechsel ꝛc. Stellt der Käufer über den Kaufpreis einen Wechsel aus, girirt er zur Deckung des Kaufpreises einen Wechsel oder den Schuldschein eines Dritten, so ist dem Gesetz genügt.

Der Grund des Anspruchs beruht dann auf der Cession, dem Giro, dem Accept, der Ausstellung des Wechsels. Von rückständigen Kaufgeldern ist die Rede nicht.

Ist bei Wechseln das Bekenntniß der Valuta gesetzlich nicht erforderlich, so wird der aus dem ursprünglichen Geschäft entnommene Einwand nicht statthaft sein Art. 82 der d. W.-O.

Vergl. Urtheil des Ober-Tribunals vom 25. Januar 1847 (Nr. 4.)

Angeld. Eine Klage, gerichtet auf Rückzahlung des Angeldes, der Prämie 2c., ist, sofern es sich um spanische Papiere handelt unzulässig.

Vergl. Urtheil des Ober-Tribunals vom 18. Oktober 1845 und überhaupt die unter Nr. 10 abgedruckten Urtheile.

3) Vergleiche.

Das Rescript des Just.-Ministers vom 20. Februar 1836 bestimmt

Die Vorschrift des §. 1 der Verordnung vom 19. Januar d. J., daß „aus Vergleichen, welche über Geschäfte in spanischen Papieren geschlossen werden, weder Klage noch Exekution stattfinden solle," ist, wie Ihnen auf Ihre Anfrage vom 30. Januar d. J. zum Bescheide gereicht, nur auf Vergleiche über solche Geschäfte zu beziehen, denen durch die anderweiten Bestimmungen des §. 1 und 2 die Klagbarkeit entzogen ist. Ueber diejenigen Geschäfte welche vor Publikation der Verordnung bereits geschlossen und binnen der vorgeschriebenen Frist gehörig angezeigt sind, können daher, so wie daraus nach wie vor ein Klagerecht entsteht ebenso auch Vergleiche mit rechtsgültiger Wirkung geschlossen werden.

§. 2.

Der Abschluß von Zeitkauf- oder Lieferungs-Verträgen[4]) über Spanische Staatsschuld-Papiere, unter welchen Modalitäten und in welcher Form er auch erfolgen möge, wird hierdurch bei Vermeidung einer dem vierten Theil des bedungenen Kauf- oder Lieferungspreises gleichkommenden Geldbuße oder verhältnißmäßigen Gefängnißstrafe unbedingt untersagt, und es soll diese Strafe unnachsichtlich sowohl gegen jeden Kontrahenten, als auch außer der nach §. 4, 5, sonst etwa noch verwirkten Strafe, gegen einen jeden Andern eintreten, der als Vermittler, oder sonst auf irgend eine Weise bei dem Abschlusse solcher Verträge mitwirkt.[5]) Ist der Betrag des bedungenen Kauf- oder Lieferungspreises nicht zu ermitteln, so wird die Geldbuße auf zehn Prozent des Nominalwerthes der Papiere festgesetzt.

4) Der Abschluß von Zeitkauf- oder Lieferungs-Verträgen.

Nur diese sind mit der Strafe des §. 2 bedroht. Nichtig ist jedes Geschäft, bei welchem nicht die Bedingungen des §. 1 vorhanden sind, verboten sind nur die Zeitkauf- und Lieferungs-Verträge, in welcher Form sie auch eingekleidet sein mögen.

Graeff, Heft II. S. 40, S. 103 fg.

5) Der als Vermittler, oder sonst auf irgend eine Weise bei dem Abschlusse solcher Verträge mitwirkt.

Auch der kaufmännische Commissionär mag er immerhin del credere stehen, unterliegt der Strafe.

Daraus folgt: daß ihm gegen seinen Committenten auf Ersatz seiner Auslagen, Provision, 2c. eine Klage nicht zusteht.

§. 3.

Alle bereits abgeschlossene noch laufende Verträge über Spanische Staatsschuld-Papiere müssen binnen acht Tagen nach Publikation der gegenwärtigen Verordnung angezeigt und nachgewiesen werden, und zwar an Orten, wo Börsen bestehen, bei den Börsenvorstehern, sonst aber in Städten bei der Polizei-Obrigkeit und auf dem Lande bei dem Landrath des Kreises. Bei Verträgen, die nicht auf diese Weise angemeldet werden, soll sodann, auch wenn sie aus der Zeit vor Publikation der gegenwärtigen Verordnung datirt sind, ein Klagerecht unbedingt nicht stattfinden (§. 1.), auch, sofern sie in Zeitkauf- oder Lieferungs-Verträgen bestehen, die obige Strafe (§. 2) zur Anwendung kommen.

§. 4.

Den öffentlich bestellten und vereideten Mäklern und Agenten wird bei Strafe der Amtsentsetzung [6]) hierdurch untersagt, über Spanische Staatsschuld-Papiere andere Geschäfte zu unterhandeln, zu vermitteln oder abzuschließen als solche, welche sofort von beiden Theilen Zug um Zug erfüllt werden.[7]) Auch müssen alle durch sie abgeschlossenen Geschäfte dieser Art, bei Vermeidung einer gleichen Strafe, von ihnen sofort beim Abschlusse in ihr Taschen- oder Handbuch, und spätestens am folgenden Tage in ihr Journal eingetragen werden.

6) Diese Strafbestimmung ist durch Art II. des Einführungs-Gesetzes vom 14. April 1851 nicht aufgehoben. Vergl. §. 246, 262 Str.-G.-B.

Die Gewerbe-Ordnung vom 17 Januar 1845 erwähnt aber in dem §. 171 flgd. der Mäkler nicht.

7) Als solche, welche sofort von beiden Theilen Zug um Zug erfüllt werden.

Der Mäkler hat keine Gewalt, die sofortige Erfüllung Zug um Zug zu erzwingen. Erfüllt werden heißt eben nur „zu erfüllen sind.

§. 5.

Ein Jeder, welcher sich damit befaßt, auf irgend eine Weise zwischen verschiedenen Personen, welcher Art sie sein mögen, schriftlich oder mündlich Geschäfte über Spanische Staatsschuld-Papiere zu unterhandeln, zu vermitteln oder abzuschließen, ohne als Mäkler oder Agent für Papier- oder Wechsel-Geschäfte vorschriftsmäßig bestellt oder vereidet zu sein, soll mit Gefängnißstrafe von Sechs Monaten bis Drei Jahren belegt werden.[8])

8) Dieser Paragraph handelt nur von den sogenannten Pfuschmäklern. Dies folgt aus dem Nachsatz „ohne als Mäkler ꝛc.

Die Strafe ist auch dann verwirkt, wenn sofort und Zug um Zug erfüllte Geschäfte über spanische Papiere vermittelt sind.

§. 6.

Die öffentlich bestellten und vereideten Mäkler und Agenten sollen alle Geschäfte, welche sie über sonstige in- oder ausländische auf jeden Inhaber lautende Staats- oder Communalschuld-Papiere[9]) irgend einer Art abschließen, sofort beim Abschlusse in ihr Taschen- oder Handbuch aufzeichnen, und dieselben hiernächst spätestens am folgenden Tage mit allen dabei verabredeten Bedingungen in ein dazu bestimmtes paraphirtes Journal vollständig eintragen.

Die Nichtbefolgung dieser Vorschrift soll unnachsichtlich mit der Amtsentsetzung bestraft werden.

Wegen Revision des hiernach zu führenden Journals bleiben, den Umständen nach, die weitern Anordnungen vorbehalten.

9) Die Papiere müssen

1) auf jeden Inhaber „au porteur" lauten und

2) Staats- oder Communal-Schuldpapiere sein.

Wo beide Criterien nicht zusammentreffen, ist die Strafe nicht verwirkt. Es handelt sich um ein Strafgesetz und um ein exceptionelles Strafgesetz. Vergl. jedoch die Verordnung vom 24. Mai 1844.

§. 7.

Wer außer den öffentlich bestellten und vereideten Mäklern oder Agenten gegen Entgelt (Courtage, Provision oder dergleichen) ein Geschäft daraus macht, auf irgend eine Weise zwischen verschiedenen Personen, welcher Art sie sein mögen, schriftlich oder mündlich Geschäfte über die im §. 6 bezeichneten Papiere zu unterhandeln, zu vermitteln oder abzuschließen, ohne vermöge seines Amtes oder Dienstverhältnisses im Auftrage eines der Kontrahenten zu handeln, soll mit Gefängnißstrafe von Sechs Monaten bis Drei Jahren belegt werden.[10]) Außerdem soll derselbe[11]) für allen Schaden, welcher für die Betheiligten aus einem von ihm unterhandelten, vermittelten oder abgeschlossenen Geschäfte[12]) über dergleichen Papiere unmittelbar oder mittelbar entsteht, unbedingt verhaftet und zu dessen vollständiger Erstattung verbunden sein.[13])

Urkundlich unter Unserer Höchsteigenhändigen Unterschrift und beigedrucktem Königlichen Insiegel.

Gegeben Berlin, den 19ten Januar 1836.

(L. S.) Friedrich Wilhelm.

Friedrich Wilhelm, Kronprinz.

Frh. v. Altenstein. Graf v. Lottum. Frh. v. Brenn. v. Kamptz. Mühler. Ancillon. v. Witzleben. v. Rochow. Rother. Graf v. Alvensleben.

10) Dieser Paragraph handelt nur von den sogenannten Pfuschmäklern.

11) Außerdem soll derselbe.

Für den Einen der Betheiligten wird stets Schaden entstehn. Dieser Schaden sei mittelbar oder unmittelbar der Vermittler wird unbedingt verhaftet. Daraus scheint zu folgen daß der Geschäftsmann am sichersten geht, wenn er Geschäfte über die im §. 6 bezeichneten Papiere durch Mäkler nicht abschließen läßt.

Ist nur sonst der Vermittler zahlungsfähig, so ist für den Committenten Schaden aus dem Geschäft gradezu unmöglich.

12) Geschäfte.

Zeitkauf und Lieferungsvertrag oder Kauf Zug um Zug, gleichviel, die Strafe ist verwirkt und das Recht auf vollständigen Schadenersatz erwachsen.

13) Es ist fraglich, ob die Strafbestimmungen der §§. 2 und 7 durch das Strafgesetzbuch oder die Gewerbe-Ordnung vom 17. Januar 1845 beseitigt sind.

Es mag sein, daß die Strafandrohungen bis jetzt niemals in Vollzug gesetzt sind und daß die Anwendung des Strafgesetzes bisher eben so mild gewesen als das Gesetz streng geblieben ist.

Dieser Umstand mag einen Tadel für das Gesetz enthalten. Ein nicht vollzogenes Gesetz ist, weil zwecklos, zweckwidrig. Es schwächt das Ansehn der Gesetze überhaupt.

Die Frage wird jedoch hierdurch nicht entschieden. Ich würde sie verneinen. Das Strafgesetzbuch behandelt jene Thathandlungen nirgend. Durch das Strafgesetzbuch ist also die Verordnung vom 19. Januar 1836 nicht beseitigt. Art. II. des Einführungsgesetzes. Die Gewerbe-Ordnung bestimmt allerdings §. 177

Wer den selbstständigen Betrieb eines Gewerbes, zu dessen Beginn eine besondere polizeiliche Genehmigung (Concession, Approbation Bestallung) erforderlich ist, ohne die vorschriftsmäßige Genehmigung unternimmt oder fortsetzt oder von den in der Genehmigung festgesetzten Bedingungen abweicht hat Geldbuße bis zu zweihundert Thalern oder Gefängniß bis zu drei Monaten verwirkt.

Die Verordnung vom 19. Januar 1836 will jedoch nicht

den selbstständigen Betrieb eines Gewerbes ohne Approbation

strafen, sondern bestimmte Consequenzen dieses Betriebes unter Strafe verbieten. Man kann zugeben, daß gegen eine und dieselbe Person die Strafen des §. 176 und der Verordnung vom 19. Januar 1836 zugleich verwirkt sein können.

Daraus folgt jedoch nicht, daß ein polizeilich concessionirter Commissionär zur Vermittlung der im §. 6 aufgeführten Geschäfte ermächtigt wird, obschon ihm dies just ausdrücklich bei schwerer Strafe verboten ist. Wäre es die Absicht gewesen, die Verordnung vom 19. Januar 1836 13. Mai 1840, 24. Mai 1844 in Betreff der Strafen durch die Gewerbe-Ordnung aufzuheben, so würde dies im §. 177 fg. und 190 klar gesagt sein.

Die Rathskammer und das Zuchtpolizei-Gericht des Landgerichts zu Cöln haben jedoch das Gegentheil angenommen.

II.

Allerhöchste Kabinetsordre vom 27. Juni 1837, betreffend das Verbot des Verkehrs mit Promessen zu den Prämienscheinen der Seehandlung, oder zu ausländischen mit einer ähnlichen Prämienverloosung verbundenen Staats-Anleihen.

Auf Ihren Bericht vom 31. v. M. erkläre Ich Mich völlig damit einverstanden, daß der bisher von Privatpersonen des In- oder Auslandes unternommene Verkauf sogenannter Promessen zu den Prämienscheinen der Seehandlung, oder zu ausländischen, mit einer ähnlichen Prämienverloosung verbundenen Staats-Anleihen, in Meinen Staaten nicht gestattet werden darf, vielmehr jeglicher Verkehr mit solchen Papieren, sowohl rücksichtlich der Verkäufer als der Käufer, oder sonstiger Besitzer derselben, überall nach den bestehenden Strafgesetzen wider das verbotene Lotteriespiel zu beurtheilen ist. Niemand darf nach erfolgter Publikation dieser Meiner Ordre dergleichen Promessen noch ferner verkaufen, und kein diesseitiger Unterthan solche mehr erwerben. Wer sich gegenwärtig im Besitz von Promessen, die durch Verloosung noch nicht erledigt sind, befindet, muß solche sofort und spätestens binnen acht Tagen nach dieser Publikation der Polizeibehörde seines Wohnorts vorzeigen, damit dieselbe seinen Namen, die Vorzeigung und den Tag, an welchem sie erfolgt ist, darauf vermerke, und sie mit solchem Vermerke zum weitern eigenen Gebrauch ihm zurückgebe. Wer nach Ablauf der achttägigen Frist im Besitz von Promessen, die nicht auf diese Weise bezeichnet sind, gefunden wird, hat die Vermuthung des spätern Erwerbes gegen sich und verfällt bei Ermangelung des Gegenbeweises in die gesetzliche Strafe. Sie haben diesen Befehl durch die Gesetzsammlung bekannt machen zu lassen.[14])

Berlin, den 27. Juni 1837.

Friedrich Wilhelm.

An die Staatsminister Mühler, Rother und Grafen v. Alvensleben.

14) Vergl. V.-O. v. 7. Dec. 1816 (G. S. 1817 S. 4) K.-O. v. 26. März 1825 (G.-S. S. 22) K.-O. v. 20. März 1827 (G.-S. S. 29) K.-O. v. 6. Juni 1829 (G.-S. S. 53) K.-O. v. 5. Nov. 1835 (G.-S. S. 236) K.-O. v. 5. Juli 1847 (G.-S. S. 261).
Das Strafgesetzbuch hat diese K.-O. nicht aufgehoben. Oppenhoff S. 379

Verordnung, den Verkehr mit ausländischen Papieren betreffend.

Vom 13. Mai 1840.

Wir Friedrich Wilhelm, von Gottes Gnaden, König von Preußen u. s. w.

Haben Uns bei Erlaß der Verordnung vom 19. Januar 1836, den Verkehr mit Spanischen und sonstigen auf jeden Inhaber lautenden Staats- oder Kommunal-Schuldpapieren betreffend, die weiteren Vorschriften vorbehalten, um den verderblichen Mißbräuchen, welche sich in dem Verkehre mit dergleichen Papieren offenbart haben, durch gesetzliche Maßregeln zu begegnen, und verordnen demgemäß, nachdem Wir für nöthig befunden haben, den Verkehr mit ausländischen Papieren überhaupt zu beschränken, auf den Antrag Unseres Staatsministeriums, für den ganzen Umfang Unserer Monarchie, wie folgt

§. 1.

Verträge, welche nach Publikation[15]) der gegenwärtigen Verordnung über ausländische auf jeden Inhaber lautende Staats- oder Kommunal-Schuldpapiere irgend einer Art, oder über Aktien, Obligationen[16]) oder sonstige Geldpapiere[17]) auswärtiger Gesellschaften oder Institute[18]) errichtet werden, sollen nur dann, wenn sie sofort von beiden Theilen Zug um Zug erfüllt werden,[19]) rechtsgültig, sonst

aber ohne Ausnahme[20]) nichtig sein, und es soll eine gerichtliche Klage[20]) aus dergleichen Verträgen überall nicht zugelassen werden, auch aus Vergleichen, welche über hiernach ungültige Geschäfte in den oben bezeichneten Papieren geschlossen werden, weder Klage, noch Exekution stattfinden.

15) Publikation.

Vergl. Anmerkung 1 und überhaupt die früheren Noten 1—14.

16) Obligationen; also auch Prioritätsobligationen.

17) Sonstige Geldpapiere.

Quittungsbogen Interimsscheine, Zusichrungsscheine fallen unter das Gesetz, da sie bis zur Ausgabe der Actien diese nur vertreten.

18) Auswärtiger Gesellschaften oder Institute.

Die Bestimmuugen im §. 4 der Verordnung vom 24. Mai 1844, nach welcher solche ausländische Eisenbahnunternehmungen, die nach den bestehenden oder künftig abzuschließenden Staatsverträgen sich auch auf inländisches Gebiet erstrecken, den inländischen gleichgestellt sind enthält eine Deklaration der Verordnung vom 13. Mai 1840, dergestalt, daß die Prohibitiv-Vorschriften dieser Verordnung auf Verträge über die bezeichneten Papiere nicht zur Anwendung kommen.

Vergl. Urtheil des Ober-Tribunals vom 13. Nov. 1846 (Nr. 5,)

19) Zug um Zug erfüllt werden.

Vergl. die Anmerkung 2.

20) Ohne Ausnahme nichtig.

a. Vollmachtsverträge, auf deren Grund der eine Theil für den anderen dergleichen Effecten angeschafft hat, sind rechtsgültig.

Der Mandant, der kaufmännische Kommissionär ist berechtigt, seine Auslagen, Provision 2c. von den Kommittenten zu fordern.

Vergl. Urtheile des Ober-Tribunals vom 25. April 1850 (Nr. 6) und 19. Juli 1853 (Nr. 7).

b. Socien.

Hiernach dürfte auch den Socien gegen einander eine Klage zustehn. Der rheinische App.-Gerichtshof ist jedoch andrer Meinung.

Vergl. Urtheil vom 18. Decbr. 1856 (Nr. 8) ein Urtheil, welches überhaupt von großer Wichtigkeit und Geschäfte dieser Art im Allgemeinen als Spiele auffaßt.

c. Schlußzettel.

Ist ein Schlußzettel über künftige Lieferung ausländischer Papiere einerseits schriftlich cedirt und andererseits dafür die Valuta gegeben, so ist das solchergestalt erfüllte Cessionsgeschäft nicht als ungültig zu erachten.

Ist dagegen die cedirte Forderung nicht ausdrücklich als zweifelhaft abgetreten, oder die Gewährleistung dem Cedenten nicht ausdrücklich erlassen, so wird die Pflicht zur Gewährleistung für die Richtigkeit und

Rechtsgültigkeit der cedirten Forderung dadurch nicht ausgeschlossen, daß dieselbe Kraft eines Gesetzes ungültig war und dies dem Cessionar bekannt sein mußte.

Vergl. Urtheil des Ober-Tribunals vom 13. November 1846 Nr. 9.

20) Gerichtliche Klage.

a. Angelder.

Der §. 1 findet auf eine Klage nicht statt, deren Gegenstand auf Rückzahlung eines auf Abrechnung einer übernommenen Verbindlichkeit vom Käufer dem Verkäufer solcher Papiere vorausgegebenen Angeldes gerichtet ist. Ein Anspruch der Art ist nach den Vorschriften des Allgemeinen Landrechts über die Rückgabe des Gegebenen, wenn der Vertrag wegen Mangels der rechtlichen Erforderniſſe nicht bestehen kann, zu beurtheilen.

Dies ist die konstante Praxis des Ober-Tribunals.

Vergleiche das Urtheil vom 18. Oktbr. 1845 10a und vom 22. August 1845 10b.

Die Frage erscheint jedoch kontrovers. Anderer Ansicht ist theilweise das Stadtgericht zu Berlin und Breslau.

Mit Rücksicht auf die Wichtigkeit der Frage sind auch diese Urtheile mitgetheilt (Nr. 10 c und d).

Auch Graeff tritt der Ansicht des Ober-Tribunals entgegen; Archiv Heft 2 S. 102 ff. Heft 3 S. 78.

b. Provision.

Ein Vertrag, durch welchen zugesichert wird, eine bestimmte Anzahl von Actien der fraglichen Art künftig al pari gegen eine Provision zu liefern, ist nichtig. Ist die Provision gezahlt, so kann sie zurückgefordert werden.

Urtheil des rheinischen Appellations-Gerichtshofes zu Köln v. 12. Nov. 1854. Vergl. Nr. 11.

c. Prämien.

Dasselbe wird von gegebenen Prämien nicht gelten dürfen.

Der Prämiengeber hat das Recht des Rücktritts, die Wahl zwischen Erfüllung und Nichterfüllung, er kann liefern und nicht liefern, abnehmen und nicht abnehmen. Für dieses Wahlrecht giebt er die Prämie. Mit der Hingabe der Prämie ist das Prämiengeschäft ein völlig abgemachtes, es steht in keiner rechtlichen Verbindung mit dem Zeitkaufgeschäft. Es ist richtig, der Prämiennehmer braucht nicht zu liefern, nicht zu beziehen. Er kann sich auf das Gesetz berufen. Das hat der Prämiengeber gewußt und gewagt. Daraus aber folgt nicht, daß er condiciren und ein vollständig abgewickeltes Geschäft als nichtig aufrufen darf. Die Verordnung will unsoliden Geschäften entgegentreten. Die Prämiengeschäfte gelten für vorzugsweise solide und reell.

d. Erfüllte Geschäfte.

Die wichtigste Frage ist diese

Sind Zeitkaufsgeschäfte wenn sie am Stichtage in der Weise erfüllt worden sind, daß der eine oder der andere Theil die Differenz vergütet hat, als nichtig aufzurufen? Ist die gezahlte Differenz mit einer gerichtlichen Klage zurückzufordern? Sind Zeitkaufsgeschäfte, wenn sie am Stichtage durch Zahlung des Kaufpreises und durch Lieferung der Papiere erfüllt sind, durch gerichtliche Klage als nichtig aufzurufen?

Durch die Praxis sind, soviel ich zu ermitteln vermocht, diese Fragen noch nicht gelöst worden. Es ist nicht zu verkennen, daß die von dem Ober-Tribunal für die Rückforderung des Angeldes geltend gemachten Gründe auch für die Verneinung dieser Fragen sprechen möchten. Ich würde sie unbedenklich verneinen. Der Gesetzgeber will „verderblichen Mißbräuchen" begegnen. Er faßt Zeitkaufsgeschäfte als Spiel und Wette auf. Mit ihrer Erfüllung haben sie diesen Charakter verloren und es trifft jedenfalls die Bestimmung des §. 578 I. 11 A. L.-R. zu.

„Was aber Jemand in erlaubten Spielen verloren und bezahlt hat, kann er nicht zurückfordern."

Verboten, bei Strafe verboten, sind den Contrahenten Speculationen dieser Art nicht.

Dazu kommt das Verbot jeder gerichtlichen Klage und der Umstand, daß die Zulässigkeit einer Klage auf Nichtigkeit eines vollständig erfüllten Zeitkaufsgeschäftes Mißbräuche schaffen würde, welche bei weitem verderblicher sind, als diejenigen, welchen der Gesetzgeber begegnen will. Die Angelder characterisiren den Vertrag als einen noch nicht erfüllten, noch schwebenden. Nur daraus läßt sich ihre Rückforderung motiviren. Weil der Empfänger des Angeldes nicht zu erfüllen braucht, darum soll er auch das Angeld nicht behalten dürfen. Ob der Schluß auch dann logisch und richtig, wenn er just erfüllen will, möchte sehr bedenklich sein. Jedenfalls trifft der Grund nicht zu, wo von beiden Theilen erfüllt ist. Daß aus einem Vergleich nicht zu klagen, beweist Nichts. Vergleich ist nicht Erfüllung, ist davon so weit entfernt, wie Zahlung. Ist der Vergleich erfüllt, so ist auch aus dem Vergleich nicht weiter zu klagen.

Die Verhältnisse haben sich übrigens so gestaltet, daß die aufgeworfenen Fragen in nächster Zeit practisch werden möchten.

§. 2.

Den öffentlich bestellten und vereideten Mäklern und Agenten wird bei Strafe der Amtsentsetzung hierdurch untersagt, über die im §. 1. bezeichneten Papiere andere Geschäfte zu unterhandeln, zu vermitteln oder abzuschließen, als solche, welche sofort von beiden Theilen Zug um Zug erfüllt werden.[21]) Auch müssen alle durch sie abgeschlossenen Geschäfte dieser Art, bei Vermeidung einer gleichen Strafe, von ihnen sofort beim Abschluß in ihr Taschen- oder Handbuch, und spätestens am folgenden Tage in ihr Journal eingetragen werden.

21) Erfüllt werden.
Vergl. die Anmerkung 7.

§. 3.

Die Verordnung vom 19ten Januar 1836 (Gesetz-Sammlung 1836. Seite 9 ff.) bleibt auch ferner in Kraft.

Urkundlich unter Unserer Höchsteigenhändigen Unterschrift und beigedrucktem Königlichen Insiegel.

Gegeben Berlin, den 13. Mai 1840.

(L. S.) Friedrich Wilhelm.

Friedrich Wilhelm, Kronprinz.

v. Kamptz. Mühler. v. Rochow. v. Nagler. Rother.

Graf v. Alvensleben. Frh. v. Werther.

Für den Kriegs-Minister:
v. Cosel.

III.

Verordnung, die Eröffnung von Aktienzeichnungen für Eisenbahn-Unternehmungen und den Verkehr mit den dafür ausgegebenen Papieren betreffend.

Vom 24. Mai 1844.

Wir Friedrich Wilhelm, von Gottes Gnaden, König von Preußen u. s. w.

Haben Uns bewogen gefunden, zur Beseitigung der Mißbräuche, zu welchen die Eröffnung von Aktienzeichnungen für Eisenbahn-Unternehmungen[22]) und der Verkehr mit den dafür ausgegebenen Aktienpromessen und ähnlichen Papieren[23]) Anlaß gegeben hat, auf den Antrag Unseres Staatsministeriums für den ganzen Umfang Unserer Monarchie zu verordnen, wie folgt:

22) Eisenbahnunternehmungen.
Auf Actienzeichnungen für andre Unternehmungen hat die Verordnung keinen Bezug.

23) Actienpromessen und ähnlichen Papieren.

Auf voll eingezahlte inländische Eisenbahnactien findet diese Verordnung keine Anwendung. Der Verkehr in diesen Actien ist durch Ausnahmegesetze nicht beschränkt.

§. 1.

Niemand darf fortan ohne ausdrückliche Genehmigung[24]) Unseres Finanz-Ministers Aktienzeichnungen für ein Eisenbahn-Unternehmen eröffnen oder Aktien-Anmeldungen dafür annehmen. Wer dieser Bestimmung zuwiderhandelt, hat eine Geldbuße von funfzig bis fünfhundert Thalern, und außerdem die Konfiskation des gezogenen Gewinnes verwirkt.[25])

24) Ohne ausdrückliche Genehmigung.

Die Fassung des § spricht dafür daß diese Genehmigung dem einzelnen Entrepreneur gegeben werden muß.

25) Diese Strafbestimmung ist durch neuere Gesetze nicht aufgehoben.

§. 2.

Verträge, welche nach Publikation der gegenwärtigen Verordnung über Aktienpromessen, Interimsscheine, Quittungsbogen oder sonstige, die Betheiligung bei einer Eisenbahn-Unternehmung bekundende, aber vor Berichtigung des vollen, auf die Aktien oder Obligationen einzuzahlenden Betrages ausgegebene Papiere errichtet werden, sollen nur dann, wenn sie sofort von beiden Theilen Zug um Zug erfüllt werden, rechtsgültig, sonst aber ohne Ausnahme[26]) nichtig sein, und es soll eine gerichtliche Klage[27]) aus dergleichen Verträgen überall nicht zugelassen werden, auch aus Vergleichen, welche über hiernach ungültige Geschäfte geschlossen werden, weder Klage noch Exekution stattfinden.[28])

26) Ohne Ausnahme 2c.

a. Nichtig sind
   1) die Zeitkaufs- und Lieferungsgeschäfte,
   2) diejenigen Geschäfte welche nicht sofort von beiden Theilen Zug um Zug vollständig erfüllt worden sind.

b. Der §. 2 trifft sowohl die inländischen als die ausländischen Quittungsbogen 2c.

27) Gerichtliche Klage.

a. Der Paragraph findet auf Vollmachtsverträge nicht Anwendung, wodurch der eine Kontrahent es übernimmt für den Andern die Betheiligung desselben bei einer erst eröffneten Actienzeichnung zu vermitteln.

Vergleiche Urtheil des Ober-Tribunals vom 4. Oktober 1847 (Nr. 12).

b. Wer ein an und für sich ungültiges Geschäft in Quittungsbogen als nichtig anfechten will, muß dem Verkäufer die von ihm erhaltenen Quittungsbogen in brauchbarem Zustande zurückgewähren können.

Dies ist nicht der Fall, wenn dieselben, weil die inzwischen fälligen Einzahlungen vom Käufer nicht geleistet, entwerthet worden sind.

Vergl. Urtheil des Ober-Tribunals vom 25. April 1850 (Nr. 6).

28) Prioritäts Actien.

Der Verkehr mit diesen Actien fällt nicht unter den §. 2.

Vergl. Urtheil des rhein. A. G. H. vom 6. Nov. 1851 (Nr. 13).

§. 3.

Ueber die im §. 3. bezeichneten Papiere dürfen von den öffentlich bestellten und vereideten Mäklern und Agenten bei Strafe der Amtsentsetzung keine andere Geschäfte unterhandelt, vermittelt oder abgeschlossen werden, als solche, welche sofort von beiden Theilen Zug um Zug erfüllt werden.

§. 4.

Den öffentlich bestellten und vereideten Mäklern und Agenten wird bei Strafe der Amtsentsetzung hierdurch untersagt, in Papieren, welche über die Betheiligung bei ausländischen Aktien-Unternehmungen oder Anleihen vor Berichtigung des vollen, auf die Aktien oder Obligationen einzuzahlenden Betrages ausgegeben worden sind oder künftig ausgegeben werden, irgend ein Geschäft zu unterhandeln, zu vermitteln oder abzuschließen, ohne Unterschied, ob dasselbe sofort von beiden Theilen erfüllt wird, oder nicht.[29]) Eine Ausnahme findet nur in Betreff der Papiere für solche ausländische Unternehmungen statt, welche nach den bestehenden oder künftig abzuschließenden Staatsverträgen sich auch auf inländisches Gebiet erstrecken; diese unterliegen, gleich den inländischen Papieren, nur den Bestimmungen der §§. 2. und 3.

29) Erfüllt wird oder nicht.

Unter den Partheien ist das sofort von beiden Theilen Zug um Zug erfüllte Geschäft rechtsgültig.

§. 5.

Die in der Verordnung vom 19. Januar 1836 (Gesetzsammlung für 1836. Seite 9. ff.) §. 7. bestimmte Strafe und Verpflichtung zum Schadensersatz tritt auch gegen diejenigen ein, welche ohne als öffentliche und vereidete Mäkler oder Agenten angestellt zu sein, und ohne vermöge ihres Amtes oder Dienstverhältnisses im Auftrage Eines der

Kontrahenten zu handeln, gegen Entgelt ein Geschäft daraus machen, über die in den §§. 2. und 4. der gegenwärtigen Verordnung erwähnten Papiere, so wie über Aktien, Obligationen oder sonstige Geldpapiere in- oder ausländischer Gesellschaften oder Institute Geschäfte zu unterhandeln, zu vermitteln oder abzuschließen.[30])

Urkundlich unter Unserer Höchsteigenhändigen Unterschrift und beigedrucktem Königlichen Insiegel.

Gegeben Sanssouci, den 24. Mai 1844.

(L. S.) Friedrich Wilhelm.

Prinz von Preußen.

v. Boyen. Mühler. Gr. v. Alvensleben. Eichhorn. v. Thiele. v. Savigny. Frh. v. Bülow. v. Bodelschwingh. Gr. zu Stolberg. Gr. v. Arnim. Flottwell.

30) Dieser Paragraph geht weiter als die früheren Strafbestimmungen. Jeder der als Pfuschmäkler, d. h. der gegen Entgelt ein Geschäft daraus macht, in Geldpapieren irgend einer Art ein Geschäft irgend einer Art zu unterhandeln, verfällt der Strafe.

No. 1.

Urtheil des Ober-Tribunals vom 7. August 1848.

Der v. S. in Berlin hatte durch einen Revers vom 11. Juni 1844 sich anheischig gemacht, dem A. daselbst nach seiner Wahl täglich bis zum 30. Juni 10,000 Thlr. Köln-Mindner Eisenbahn-Aktien zum Course von 117⅔ Prozent zu liefern; gleichzeitig hatte A. einen entsprechenden Gegenschein ausgestellt, durch welchen er sich zur Annahme verpflichtete, auch hatte er dem v. S. 2000 Thlr. in Berlin-Hamburger Eisenbahn-Aktien-Quittungsbogen als Abschlag auf die Valuta ausgehändigt. Hinterher fand sich aber A. veranlaßt, auf Grund des §. 2. der Verordnung vom 24. Mai 1844, welche in No. 13. der Gesetzsammlung, ausgegeben zu Berlin am 3. Juni 1844, enthalten, inzwischen erst in der am 14. Juni erschienenen Nummer des Potsdamer Amtsblattes als ergangen angekündigt war, das Geschäft, weil es nicht Zug um Zug erfüllt war, als nichtig aufzurufen, und klagte gegen den v. S. auf Herausgabe der 2000 Thlr. Berlin-Hamburger Eisenbahn-Aktien-Quittungsbogen. Der Verklagte wollte dagegen das Geschäft aufrecht erhalten wissen, und klagte seinerseits auf Abnahme der 10,000 Thlr. in Köln-Mindener Eisenbahn-Aktien. Das Gericht erster Instanz, indem es das Geschäft allerdings für nichtig erachtete, erkannte auf Verurtheilung bei der Klage, auf Abweisung bei der Widerklage. Das Gericht zweiter Instanz bestätigte diese Entscheidung. Dasselbe erklärte insbesondere den Einwand des Verklagten, daß zur Zeit des Abschlusses des Geschäfts, am 11. Juni 1844, das Gesetz vom 24. Mai 1844 noch nicht als gehörig publizirt erachtet werden könne, für hinfällig. Denn die Deklaration vom 14. Januar 1813 habe unter 3. bestimmt, daß wo die Gesetzsammlung oder das Amtsblatt früher, als an dem unter 2. als den gewöhnlich bezeichneten Zeitpunkt von acht Tagen nach Erscheinung des Amtsblattes, bekannt werde, die verbindende Kraft der darin aufgenommenen Vorschrift sofort eintrete. Nun könne es aber nicht zweifelhaft sein, daß in Berlin, wo am 11. Juni 1844 das Geschäft geschlossen worden, die Verordnung schon am 3. Juni, wo das Stück der Gesetzsammlung ausgegeben worden, allgemein bekannt gewesen sei.

Das Geheime Ober-Tribunal hat aber die Vernichtung des Appellationsurtels ausgesprochen. Gründe Die No. 3 der Deklaration vom 14. Januar 1813 enthält eine Ausnahme von der allgemeinen Festsetzung der Verordnung vom 18. März 1811 §. 4. über die Publikation der Gesetze. Sie regelt nicht diejenigen Fälle, in denen die verbindende Kraft eines Gesetzes ausdrücklich von der Publikation desselben abhängig gemacht worden ist. Ein Fall der letztern Art liegt hier vor. Die Verordnung vom 24. Mai 1844 §. 2. spricht ausdrücklich von den nach Publikation des Gesetzes geschlossenen Verträgen. Unter dieser Publikation kann nur eine vorschriftsmäßige und vollständige verstanden werden, wie dieselbe im §. 4. der Verordnung vom 18. März 1811 vorgeschrieben ist.

No. 2.

Urtheil des Ober-Tribunals vom 23. April 1850.

Der Kläger hat im Jahre 1846 von dem Verklagten 5000 Thlr. Bergisch-Märkische Quittungsbogen, welche dieser bei den Gebrüdern H. zu liegen hatte, für 1150 Thlr. gekauft. Er hat den Kaufpreis nicht baar berichtigt, sondern darüber einen Revers ausgestellt. Er hat klagend angetragen:

das Kaufgeschäft für nichtig zu erklären, ihn von der Verbindlichkeit freizusprechen, die in dem Reverse verschriebenen 1150 Thlr. zahlen zu müssen und dagegen den Verklagten zu verurtheilen, ihm die von ihm dem Kläger auf die Quittungsbogen geleisteten weiteren Einzahlungen von 600 Thlrn. zu erstatten.

Der erste Richter, das Land- und Stadt-Gericht zu Wriezen hat den Kläger abgewiesen. Das Kammergericht hat auf eingelegte Appellation den Verklagten verurtheilt. Das Ober-Tribunal hat auf die Revision des Verklagten das zweite Urtheil lediglich bestätigt.

Gründe

Es muß dem vorigen Richter beigetreten werden, wenn er den von dem Kläger mit dem Erblasser der Verklagten errichteten und von dem ersteren in dem jetzigen Prozesse angefochtenen Kaufvertrag über 5000 Thlr. Quittungsbogen zur Bergisch-Märkischen Eisenbahn, worauf damals erst 20 Prozent eingezahlt waren, in Gemäßheit des Gesetzes vom 24. Mai 1844 für nichtig erklärt, weil derselbe nicht Zug um Zug erfüllt worden ist.

Zwar behaupten die Verklagten, daß diese Erfüllung durch den gegenseitigen Austausch der überreichten beiden Scheine vom 6. Februar 1846 wirklich stattgefunden habe. Doch läßt sich diese von dem ersten Richter gebilligte Ansicht nicht für gerechtfertigt erachten.

Denn was

1) den dem Kläger durch den Erblasser der Verklagten behändigten Schein betrifft, so ist die Uebergabe der gedachten Papiere, welche bereits zur Zeit des geschlossenen Geschäfts bei den Gebrüdern Helfft lagen, vermittelst desselben keinesweges, wie die Verklagten annehmen, an den Kläger für bewirkt anzusehen.

Allerdings kann die Uebernahme einer Sache nach

§. 66. Titel 7. Theil I. des A. L.-R.

auch durch eine von ihrem bisherigen Besitzer dem Inhaber, der sie in seinen Namen detinirt, ertheilte Anweisung, die Gewahrsam im Namen des neuen Besitzers fortzusetzen, vollzogen werden. Aber wenn man auch davon ausgeht, daß in solchem Falle die Besitzübertragung schon durch die bloße Aushändigung der Anweisung an den neuen Besitzer, selbst ohne deren Vorzeigung bei dem Inhaber und ohne dessen sonstige Benachrichtigung von ihrem Inhalte vollendet wird;

Entscheidungen Band 12 S. 172,

so kann dies doch im vorliegenden Falle nicht von Einfluß sein, weil der erwähnte Schein nur dahin lautet

„Die bei Herrn Helfft Gebrüder in Berlin zu liegen habenden „5000 Thlr. Bergisch-Märkische Quittungsbogen habe ich an Hrn. „W. P. heute verkauft, mit der Verpflichtung, dieselben heut „an Herrn P. in Berlin abzuliefern,“

und hierin eine den Gebrüdern Helfft gegebene Anweisung, die gedachten Papiere fernerhin im Namen des Klägers zu bewahren, oder, wie der

§. 66. Titel 7. Theil I. des A. L.-R.

sich ausdrückt, den Besitz für denselben fortzusetzen, augenscheinlich nicht zu finden ist.

Auch kann die Stelle der Uebergabe, von welcher die Verklagten nirgends behaupten, daß sie in irgend einer andern Art

Statt gefunden habe, dadurch für ersetzt nicht erachtet werden, daß Kläger zwei Einzahlungen auf die betreffenden Aktien geleistet, daß er die qu. Quittungsbogen unbestritten in einen bei der Eisenbahn-Direktion eingereichten Stundungsgesuche als die seinigen angegeben und daß er sich in verschiedenen an den Erblasser der Verklagten gerichteten Briefen über dieselben so, als ob sie sein eigen wären, ausgesprochen hat.

Ebenso wenig aber läßt sich

2) nach dem Scheine vom 26. Februar 1846, den der Kläger seinerseits dem Erblasser der Verklagten ausgestellt hat, eine Berichtigung des bedungenen Kaufgeldes wie sie dem Gesetze vom 24. Mai 1844 zu Folge hätte geschehen müssen, wenn das angefochtene Geschäft rechtsgültig sein sollte, als wirklich eingetreten ansehen.

Nachdem hier vorausgeschickt worden, daß Kläger von dem pp. L. die gedachten Quittungsbogen für 1150 Thlr. gekauft, heißt es in jenem Scheine weiter:

„Diese Summe von 1150 Thlr. habe ich der zwischen mir und „dem Hrn. L. getroffenen Verabredung gemäß heute an Hrn. L. „zahlen sollen, es hat sich indeß auf mein Ansuchen der Hr. L. „bereit finden lassen, mir die 1150 Thlr. als ein Darlehn zu „belassen. Demgemäß bekenne ich hiermit, von dem Kaufmann „Herrn L. hier ein Darlehn von 1150 Thlr. erhalten zu haben, „und indem ich darüber in bester Form Rechtens quittire, ver„pflichte ich mich gleichzeitig, obengenannte Summe der 1150 Thlr. „nebst 5 Prozent Zinsen von heute ab bis über ein Jahr und „also am 1. März 1847 pünktlich zurückzuzahlen.

Die Verklagten sind der Meinung, daß solchergestalt der bedungene Preis vermöge einer Novation in ein Darlehn umgeschaffen worden sei und sie suchen auszuführen, daß derselbe bei der hierdurch bewirkten Aufhebung der alten auf Zahlung des Kaufgeldes gerichtet gewesenen Verbindlichkeit des Klägers als berichtiget betrachtet werden müsse.

Hierin ist ihnen jedoch nicht beizutreten.

Nach §. 451. Titel 16. Theil I. des A. L.-R. sind die einer schon vorhandenen Verbindlichkeit in der Folge hinzutretenden Verabredungen im zweifelhaften Falle so zu deuten, daß die ursprüngliche Verbindlichkeit so wenig als möglich geändert werde und nur wenn eine neue Verpflichtung ausdrücklich an die Stelle der vorigen gesetzt wird, oder beide neben einander nicht bestehen können, erlischt die letztere nach §§. 454. 455. durch Umschaffung, während den §§. 452. 453. l. c. so wie resp. den

§§. 866. 867. Titel 11. Theil I. des A. L.-R.

zu Folge jede rückständige Zahlung nach der Natur des zu Grunde liegenden Geschäfts beurtheilt werden muß und es hierin nichts ändert, wenn gleich über die schuldige Summe ein Schuldschein wie über ein Darlehn ausgestellt worden ist. Wird aber hiervon ausgegangen, so lassen sich die in Rede stehenden 1150 Thlr., zumal die Contrahenten sich dem eigenen Vortrage der Verklagten gemäß nicht erst hinterher, sondern vielmehr sogleich bei oder nach Abschluß des Kaufvertrages dahin geeiniget haben, daß sie dem Kläger als ein Darlehen angerechnet werden sollten, des darüber ausgestellten Reverses ungeachtet nur als rückständige dem Kläger creditirte Kaufgelder betrachten und es kann mithin keinesweges angenommen werden, daß Kläger den Vertrag seiner Seits sofort durch Erlegung des stipulirten Preises erfüllt habe. Auch ist mit der Absicht oder dem Zwecke des Gesetzes vom 24. Mai 1844. die Fortdauer eines gültigen Schuldverhältnisses zwischen dem Käufer und Verkäufer der im §. 2. bezeichneten Papiere, so weit sein Ursprung nur überhaupt auf einen darüber geschlossenen Kaufvertrag zurückzuführen ist, durchaus unverträglich und wenn nun gleich jener Zweck an sich wohl von Seiten des Käufers auch auf anderem Wege als dem der baaren Zahlung zu erreichen steht, indem er namentlich ohne Zweifel durch wirkliche Compensation vollständig erreicht werden kann, so läßt sich doch die Novation als ein dazu geeignetes Mittel nicht ansehen.

Hiernach unterliegt die Nichtigkeit des angefochtenen Vertrages keinem Bedenken und es folgt hieraus, daß Kläger den Verklagten das für creditirt zu erachtende Kaufgeld der 1150 Thlr. nicht zu zahlen braucht, während sie ihm die auf die qu. Aktien geleisteten Einzahlungen, wodurch er eine nöthige Ausgabe, die ihnen als Eigenthümern der Quittungsbogen obgelegen hätte, bestritten hat, nebst Zögerungszinsen seit dem Tage der behändigten Klage erstatten müssen.

No. 3.

Urtheil des Ober-Tribunals vom 25. April 1850.

Der Kläger Major L. hat laut Rechnung vom 3. Januar 1846 von dem Verklagten 100 Stück Bergisch-Märkische Eisenbahn-Quittungsbogen für 2232 Thlr. gekauft. Er hat ihnen am 13. Januar einen Revers über ein von ihm an diesem Tage erhaltenes mit 5% zu verzinsendes Darlehn von 2232 Thlr. ausgestellt. Zu dessen Deckung hat er ihnen 3000 Thaler Potsdam-Magdeburger Eisenbahn-Actien und 3000 Thlr. Bergisch-Märkische Quittungsbogen verpfändet. Er hat klagend angetragen

das Geschäft für nichtig zu erachten und die Verklagten zu verurtheilen, ihm den Werth des Unterpfandes zu erstatten.

Das Stadtgericht zu Berlin hat die Klage zugesprochen. Das Kammergericht hat die Berufung verworfen. Der zweite Richter erklärt das Geschäft aus dem Grunde für nichtig, weil die Verklagten selbst zugestanden, daß der Kauf am 31. Januar 1846 geschlossen sei, während die Erfüllung erst am 13. desselben Monats stattgefunden habe.

Unter der Zug um Zug sofort zu leistenden Erfüllung (Gesetz vom 24. Mai 1844 §. 2) sei keine andere, als eine sogleich bei Abschluß erfolgende zu verstehen.

Hiervon abgesehen sei das Geschäft nicht erfüllt. Die Verklagten hätten dem Kläger mündlich versprochen, ihm ein Darlehn von 2232 Thlr. zu gewähren; sie hätten dies nicht gethan, sondern sofort den rückständigen Kaufpreis in dem Reverse als Darlehn charakterisiren lassen und ihn mit dem versprochenen Darlehn compensirt. Aus dem bloß mündlichen Versprechen der Verklagten, dem Kläger die zur Zahlung des Kaufpreises erforderliche Summe leihen zu wollen, sei dem Kläger kein Recht erwachsen, diese Summe zu fordern. Er habe damit folglich nicht compensiren können. Habe er trotz dessen einen Schuldschein als über ein erhaltenes Darlehn ausgestellt, so sei dadurch die Natur des ursprünglichen Geschäfts nicht verändert worden. Es handele sich nicht um ein Darlehn, sondern um rückständiges Kaufgeld.

Imploranten behaupten in der eingelegten Nichtigkeitsbeschwerde.

Verletzung des §. 2 der Verordnung vom 24. Mai 1844, des §. 653 Theil I. Tit. 11 A. L.-R.

Das Geschäft, wird ausgeführt, sei von beiden Theilen erfüllt. Es sei daher gleichgültig, ob die Erfüllung sofort am Tage des Abschlusses, oder später bewirkt sei. Ob sodann Kläger am 13. Januar 1846 die ihm als Darlehn bewilligte Summe, worüber er den Revers ausgestellt, wirklich baar erhalten, in die Hände genommen, dann wieder als schuldiges Kaufgeld zurückgezahlt hat, oder ob beide

Theile dahin übereingekommen sind, daß die leere Formalität des Hin- und Herzählens unterbleibe, sei für den Begriff und die Existenz des Darlehns durchaus gleichgültig.

Das Ober-Tribunal hat die Nichtigkeits-Beschwerde verworfen.

Gründe.

Der Appellationsrichter erklärt das von den Parteien über 100 Stück Bergisch-Märkische Eisenbahn-Quittungsbogen geschlossene Kaufgeschäft auf Grund des

§. 2 des Gesetzes vom 24. Mai 1844

für nichtig, weil es nicht sofort Zug um Zug erfüllt sei. Er geht hierbei davon aus, daß die Erfüllung unmittelbar bei Abschließung des Vertrages von beiden Seiten hätte erfolgen müssen, während doch die Erfüllung den eigenen Angaben der Verklagten gemäß, nachdem der Vertrag selbst bereits am 3. Januar 1846 errichtet worden, erst am 13. ej. m. Statt gefunden haben soll und es wird ihm deshalb von den Imploranten eine Verletzung der im §. 2 der gedachten Verordnung enthaltenen Bestimmung zum Vorwurfe gemacht. Allein wenn man auch zugeben muß, daß der vorige Richter darin zu weit gegangen sei, daß er zur Gültigkeit der Verträge über die in dem erwähnten Gesetze bezeichneten Papiere eine bei Abschließung des Geschäfts selbst von beiden Theilen geleistete Erfüllung für erforderlich erachtet; so kann dies doch keinen Falls zur Vernichtung des angefochtenen Erkenntnisses führen, weil dasselbe zugleich noch auf einem anderen Entscheidungsgrunde beruht, der von den Imploranten nicht mit Erfolg angegriffen worden ist.

Der vorige Richter nimmt nämlich ferner an, daß der Kläger den Vertrag über die qu. Quittungsbogen in der That seiner Seits noch nicht erfüllt habe, indem das bedungene Kaufgeld von 2232 Thlr. 3 Sgr. durch ihn noch nicht berichtigt worden sei. Zwar behaupteten die Verklagten, daß sie dem Kläger versprochen hätten, ihm die dazu erforderliche Summe vorzuschießen und sie wollten die Darlehns-Valuta, welche Kläger auf Grund dieses Versprechens zu fordern gehabt, auf jenes Kaufgeld verrechnet wissen. Doch könne von einer solchen Verrechnung oder Compensation nicht die Rede sein. Denn aus einem nur mündlich erfolgten Darlehnsversprechen habe Kläger kein Recht auf Zahlung der Valuta ableiten können und wenn derselbe nun auch wirklich den Verklagten einen Schuldschein wie über ein erhaltenes Darlehn ausgestellt habe, so sei doch hierdurch die Natur des ursprünglichen Geschäfts nach

§. 742, 866—868, Tit. 11 Th. I. des A. L.-R.

nicht verändert worden, und es müsse daher das, was Kläger den Verklagten schuldig geblieben, als rückständiges Kaufgeld betrachtet werden.

Hierdurch finden Imploranten den

§. 653, Tit 11, Th. I. des A. L.-R.

verletzt. Sie machen dem Appellationsrichter eine Verkennung des Begriffs des Darlehns zum Vorwurfe und sie legen ihm zugleich eine unrichtige Anwendung der

§§. 742, 866—868, l. c.

zur Last.

Dieser Angriff ergiebt sich jedoch als verfehlt.

Der §. 653, Titel 11, Theil I. des A. L.-R. bezeichnet das eigentliche Darlehn als einen Vertrag, vermöge dessen jemand gangbares ausgemünztes Geld oder geldwerthe an jeden Inhaber zahlbare Instrumente, unter bedungener Wiedererstattung in gleicher Qualität und Quantität, einem Anderen zum Verbrauch übergiebt und es ist nun zwar den Imploranten darin beizutreten, daß die Existenz eines wirklichen Darlehns-Vertrages nicht nothwendig durch die unmittelbar von Seiten des Darlehnsgebers an den Darlehnsnehmer erfolgte Zahlung der Valuta bedingt erscheint; im vorliegenden Falle aber hat eine Zahlung der Valuta überhaupt gar nicht Statt gefunden, vielmehr gehen die Imploranten, wie der vorige Richter unwiderlegt festgestellt hat, davon aus, daß die Valuta durch Verrechnung des rückständigen Kaufgeldes auf dieselbe, so wie gegenseitig das qu. Kaufgeld durch Verrechnung der Darlehns-Valuta auf die diesfällige Schuld des Klägers für berichtiget angesehen werden müsse und wenn nun eine solche Verrechnung in dem vorigen Urtel für unzulässig erklärt wird, weil Kläger aus dem angeblich erfolgten mündlichen Darlehnsversprechen der Verklagten keine Forderung erlangt habe, so streitet dies weder gegen den

§. 653, Tit. 11, Th. I. des A. L.-R.

noch gegen den Begriff des Darlehns, wie er aus eben dieser Bestimmung abzuleiten ist. Auch bleibt es sich in der That dem Wesen nach ganz gleich, ob der Verkäufer dem Käufer den für die verkaufte Sache bedungenen Preis ohne weiteres creditirt oder ob der Umweg eingeschlagen wird, daß der erstere sich verpflichtet, dem letzteren zu seiner eigenen Befriedigung ein Darlehn zu geben, dessen Valuta jedoch nach der beiderseitigen Uebereinkunft gar nicht gezahlt, sondern als ob sie zur Berichtigung des Kaufpreises verwendet worden wäre, betrachtet werden soll. Der von dem Appellations-Richter in Bezug genommene Revers vom 13. Januar 1846 erscheint hiernach allerdings insofern bedeutungslos, als daraus die geschehene Berichtigung des Kaufgeldes für die qu. Quittungsbogen nicht gefolgert werden kann und die

§§. 742, 866—868, Tit. 11, Th. I. des A. L.-R.

lassen sich keinesweges für unrichtig angewendet erachten.

Die erhobene Nichtigkeitsbeschwerde aber war unter den vorwaltenden Umständen zu verwerfen.

No. 4.

Urtheil des Ober-Tribunals vom 25. Januar 1847.

In einem Instrumente vom 4. März 1846 hatte der Kaufmann K. sich verpflichtet, dem P. 6 Monate a dato 1000 Thaler laut Wechselrecht zu bezahlen; Valuta bekannte er baar erhalten zu haben. Hinter dem Wechsel befand sich ein von dem K. unterschriebener Vermerk·

„Uebrigens versteht sich, daß nach Ablauf von 6 Monaten diese „Wechsel-Valuta mit fünf Prozent pro anno von mir verzinset „wird."

P. hat nach der Verfallzeit den K. aus diesem Instrument wechselmäßig auf Bezahlung von 1000 Thlr. nebst Zinsen seit 5. Septbr. 1846 in Anspruch genommen. — Der Verklagte wanote ein, daß Valuta nicht baar gezahlt sei; vielmehr habe er nur vierzig Stück Neiße-Brieger Eisenbahnaktien-Quittungsbogen erhalten. Das ganze Geschäft sei daher nach §. 2 der Verordnung vom 24. Mai 1844 ungültig. Der Kläger gestand zu, daß die Valuta in jenen Papieren bestanden habe, bestritt aber, daß dieser Einwand im vorliegenden Wechselprozeß geltend gemacht werden dürfe.

Das Stadtgericht Breslau wies aber, — eben auf Grund jenes Einwandes — den Kläger mit seiner auf den Wechsel über 1000 Thlr. gegründeten Forderung ab. — Derselbe legte Appellation ein, und suchte auszuführen, daß der Verklagte, da er in den erwähnten Papieren doch jedenfalls irgend eine Valuta erhalten habe, als Kaufmann unter allen Umständen zur Zahlung der verschriedenen Summe verurtheilt werden müsse; und daß ihm, wenn er im Betreff der Valuta verkürzt zu sein glaube, die Ausübung seiner diesfälligen Gerechtsame in separato überlassen bleiben müsse. Das Appellationsgericht zu Breslau hat darauf auch den Verklagten zur Zahlung von 1000 Thlr. und fünf Prozent Zinsen seit 5. Septbr. 1846 verurtheilt. Das Ober-Tribunal hat nur um deswillen das erste Urtel hergestellt, weil es dem Scriptum an den Erfordernissen eines Wechsels fehle.

No. 5.

Urtheil des Ober-Tribunals vom 13. November 1846.

Laut Schlußzettel vom 31. Mai 1844 verpflichtete sich Beklagter dem Kläger 5000 Thlr. sächsisch-schlesische Eisenbahn-Actien-Zusicherungsscheine am 31. Juli zu liefern und erhielt ein Angeld von 300 Thlr. Letzteres reclamirt Kläger unter der Behauptung, daß der Vertrag ausländische Actien zum Gegenstande habe und daher, weil nicht sofort von beiden Theilen erfüllt, nichtig sei.

Beklagter widersprach dem Antrage. Er erklärt die fraglichen Papiere für inländische.

Das Stadtgericht zu Breslau hat den Verklagten verurtheilt.

Das Appellationsgericht zu Breslau hat den Kläger abgewiesen und das Ober-Tribunal die eingelegte Nichtigkeitsbeschwerde verworfen.

Gründe.

Der Appellationsrichter sagt zur Unterstützung der Ansicht, daß sächsisch-schlesische Eisenbahn-Actien keine ausländische Papiere seien.

„Eine theils das Ausland, theils das Inland durchlaufende Bahn müsse immer als inländisch betrachtet werden, sobald die Anlage unter Genehmigung und Mitwirkung der diesseitigen Regierung geschehen sei. Dieser Fall liege bei der sächsisch-schlesischen Eisenbahn zwischen Görlitz und Dresden vor, weil ihr Bau auf Grund des zwischen Preußen und Sachsen geschlossenen Staatsvertrages vom 24. Juli 1843 erfolgt sei. Artikel 1 eodem hätten sich die Regierungen beider Staaten gegenseitig verpflichtet, die Herstellung einer Eisenbahn-Verbindung zwischen Breslau und Dresden über Görlitz zu veranlassen und es sei in der Konzessions- und Bestätigungs-

Urkunde für die niederschlesisch-märkische Bahn vom 27. November 1843 (Gesetzsammlung Seite 371—374) oben erwähnter Staatsverträge ausdrücklich gedacht und im §. 2 des Bestätigungs-Statuts dieser Gesellschaft die Verbindung Breslaus mit Dresden über Görlitz als Ziel vorgesteckt worden."

Implorant rügt gegen diese Ausführung daß der zweite Richter den Begriff inländischer Bahnen und resp. inländischer desfalsiger Papiere unrichtig aufgestellt habe.

Diese Beschwerde ist unbegründet.

Daß das aufgestellte Kriterium der inländischen Qualität von Eisenbahn-Papieren eine Gesetzverletzung enthalte, ist nicht begründet.

Für den Begriff einer inländischen Eisenbahngesellschaft genügt freilich an sich der Umstand, daß die anzulegende Bahn theils durch das Inland, theils durch das Ausland geht, und mit Genehmigung und Mitwirkung hiesiger Regierung angelegt wird, noch nicht.

Nach den Grundsätzen des Gesetzes vom 3. November 1838 über Eisenbahn-Unternehmungen richtet sich diese Qualität der Gesellschaft nach dem Domizil derselben und dies würde, da die Bahn zwischen Dresden und Görlitz dem Staatsvertrage zufolge und zwar einschließlich des innerhalb des Königlich Preußischen Gebiets gelegenen Theils derselben durch die im Königreich Sachsen zu errichtende Gesellschaft zu bauen war, Sachsen, also das Ausland sein. In sofern aber von der Anwendung der Prohibitiv-Bestimmungen des Gesetzes vom 13. Mai 1840 und davon die Rede ist, ob die Papiere einer solchen Gesellschaft als auswärtige im Sinne dieses Gesetzes zu betrachten, kommt ein anderer Gesichtspunkt zur Erwägung.

Die ganze Tendenz dieses Gesetzes geht nur dahin, auswärtigen Unternehmungen dieser Art, deren Förderlichkeit für das Publikum sich nicht übersehen läßt, keinen Schutz und keine Unterstützung zu geben, und dadurch „den verderblichen Mißbräuchen, welche sich im Verkehre mit dergleichen Papieren offenbart haben, zu begegnen." (Worte des Eingangs). Findet nun aber der Staat eine Eisenbahn-Unternehmung in dem Grade vortheilhaft, daß er durch Staatsvertrag die gemeinsame Ausführung zum Anschluß an eine schon bestehende inländische Bahn zu sichern sucht, und hat diese Unternehmung zugleich wenigstens theilweise sogar auf preußischem Terrain statt, dann kann ein solchergestalt förmlich vom Staat autorisirtes, ja ins Leben gerufenes Geschäft nicht mehr zu denen gerechnet werden, welche den Verbotsbestimmungen des Gesetzes von 1840 unterliegen. Das Rescript vom 22. December 1843 (Ministerial-Blatt von 1844 Seite 8) zeigt, daß sich in dieser Beziehung schon Zweifel, namentlich in Bezug auf die sächsisch-schlesische Bahn erhoben hatten. Läßt nun der §. 4 der Verordnung vom 24. Mai 1844 (Gesetzsammlung Seite 117) von dem, dem §. 2 des Gesetzes von 1840 entsprechenden Verbot der Unterhandlung ausländischer Actien-Unternehmungen eine Ausnahme für solche ausländische Unternehmungen zu, „welche nach den bestehenden oder künftig abzuschließenden Staatsverträgen sich auch auf inländisches Gebiet erstrecken" und stellt diese den inländischen gleich, so liegt hierin nicht sowohl eine neue Vorschrift, als eine authentische Deklaration des durch das Zeitbedürfniß hervorgerufenen Zweifels über den Umfang des Verbots-Gesetzes von 1840. Jene Unternehmungen bleiben ausländische, sind aber in Betreff der Gültigkeit des Geschäfts als inländische anzusehen und den Verbotsklauseln der Verordnung von 1840 nicht unterworfen. Augenscheinlich mit Rücksicht auf die angeführte Bestimmung des Gesetzes von 1844 hat der Appellationsrichter sein Kriterium aufgestellt, welches derselben auch völlig entspricht.

No. 6.

Urtheil des Ober-Tribunals vom 25. April 1850.

Kläger Major L. behauptet, daß er von den Verklagten

1) am 11. Juli 1846, 30,000 Thlr. Cassel-Lippstädter Quittungsbogen für 853 Thlr., sowie

2) am 4. August 1846, 10,000 Thlr. Magdeburg-Wittenberger Quittungsbogen für 480 Thlr. gekauft und ihnen wegen des creditirten Kaufgeldes 4000 Gulden Integralen verpfändet habe. Er hat diese Verträge als nichtig angefochten und angetragen

> die Verklagten zur Rückgabe der Integralen gegen Rückerstattung der verkauften Quittungsbogen zu verurtheilen.

Die Verklagten behaupteten, daß sie die qu. Quittungsbogen dem Kläger nicht selbst verkauft, sondern in seinem Auftrage anderweit für ihn angekauft hätten. Sie stellten der Klage entgegen, daß die ihnen anerbotenen Quittungsbogen verfallen wären, weil Kläger die ferner darauf ausgeschriebenen Einzahlungen nicht geleistet hätte.

Das Stadtgericht zu Berlin hielt den Einwand des Mandats für durchgreifend und bis zum Beweise eines Erfüllungseides für erwiesen.

Das Kammergericht hat das erste Urtheil abgeändert und die Verklagten sofort verurtheilt.

Der zweite Richter nimmt an, daß, wenn selbst ein Mandat vorliege, die Geschäfte dennoch um deswillen nichtig seien, weil Kläger die von den Verklagten geleisteten Ausgaben noch nicht erstattet habe. Seien somit die Geschäfte von den Partheien noch nicht erfüllt, so könne von einer Zug um Zug stattgefundenen Erfüllung die Rede nicht sein.

Auf eingelegte Revision hat das Ober-Tribunal den Kläger angebrachtermaßen abgewiesen.

Gründe

Daß die Vorschrift des §. 2 der gedachten Verordnung, wonach Verträge über die daselbst bezeichneten Papiere nur dann rechtsgültig sind, wenn sie sofort von beiden Seiten Zug um Zug erfüllt werden, auf Vollmachtsverträge nicht Anwendung findet, wodurch der eine Contrahent es übernimmt, für den andern die Betheiligung desselben bei einer erst eröffneten Actien-Zeichnung zu vermitteln, kann kein Bedenken leiden,

Entscheidungen, Band 15, S. 196.

Es liegt nun zwar ein Fall dieser Art nicht vor. Doch folgt aus der dabei in Betracht kommenden Natur des Vollmachtsvertrages und aus dem dadurch zwischen dem Machtgeber und dem Beauftragten begründeten Rechtsverhältnisse, daß auch bei bereits ausgegebenen Papieren, auf welche nur der volle Actien-Betrag noch nicht eingezahlt ist, bloße Vollmachts-Verträge, auf deren Grund der eine Theil für den anderen dergleichen Effekten angeschafft hat, keineswegs als nichtig betrachtet werden können, wenn dem Machtgeber von den Bevollmächtigten auf den Ankauf der Papiere so wie sonst bei Ausrichtung des ihm gemachten Auftrages verwandte Auslagen gestundet worden sind. Denn dem Verkäufer gegenüber vertritt der letztere die Stelle des ersteren. Hat der Mandatar die Papiere sofort bei dem Empfange derselben bezahlt, so muß dies im Sinne des Gesetzes vom 24. Mai 1844 ganz eben so betrachtet werden, als ob der Machtgeber selbst sie gegen Erlegung des Preises erhalten hätte und es kann von einer Nichtigkeit des Vollmachts-Vertrages neben der Gültigkeit des in Ausführung desselben geschlossenen Kaufvertrages nicht die Rede sein.

[Es wird nun ausgeführt, daß der Beweis des Mandats nicht vollständig erbracht sei]; dann heißt es weiter

Doch kommt es hierauf nicht weiter an, weil selbst wenn beide Geschäfte an sich für nichtig erachtet werden müßten, doch der erhobene Anspruch keinen Falls in der angebrachten Art für zulässig erachtet werden könnte.

Denn der Kläger hat die ihm behändigten Quittungsbogen dadurch, daß er nicht die ausgeschriebenen ferneren Einzahlungen darauf geleistet, verfallen lassen und er will zwar die Folgen hiervon den Verklagten zur Last gelegt wissen, weil er sie vor dem Fälligkeitstermine von der Ausschreibung in Kenntniß gesetzt und ihnen anheimgegeben habe, ihrer Seits die erforderlichen Einzahlungen zu bewirken. Aber wenn man selbst annimmt, daß die Verklagten einer solchen von ihnen bestrittenen Aufforderung des Klägers hätten nachkommen müssen; so fehlt es doch an allem Beweise, daß sie wirklich Statt gefunden habe und der Kläger ist ihnen daher für jene Unterlassung jedenfalls verantwortlich. Auch kann ihm hierbei die behauptete Nichtigkeit der in Rede stehenden Geschäfte keinesweges zu Statten kommen. Denn er war zwar an dieselben, ihre Ungültigkeit vorausgesetzt, nicht gebunden. Aber es stand bei ihm, von dem ihm in dieser Hinsicht Kraft des Gesetzes vom 24. Mai 1844 zustehenden Rechte keinen Gebrauch zu machen und wenn er es that, so konnte er von den Verklagten die Zurückgabe der Papiere, die er ihnen auf Grund der geschlossenen Verträge gegeben hatte, nur gegen Zurückgewährung der von ihnen erhaltenen Effekten in brauchbarem Zustande, oder, sofern sie nicht durch einen bloßen Zufall oder durch die Schuld der Verklagten werthlos geworden waren, gegen Erstattung ihres Werthes verlangen.

Einem bloßen Zufalle kann die eingetretene völlige Entwerthung der qu. Quittungsbogen nicht zugeschrieben werden und zugleich sind dabei die Verklagten außer aller Schuld, indem sie, so lange der Kläger nicht erklärt hatte, daß er von den Verträgen zurücktreten wolle, durchaus keine Verpflichtung hatten, namentlich aus eigenem Antriebe, für die ferneren Einzahlungen Sorge zu tragen.

Nur dem Kläger fällt es zur Last, daß sie unterblieben sind. Er kann mithin die Erstattung der Integralen gegen Rückgabe der empfangenen Quittungsbogen nicht fordern und er mußte daher mit seinem im Wesentlichen hierauf gerichteten Antrage abgewiesen werden, wenn gleich das vorige Urtel abzuändern war.

No 7.

Urtheil des Ober-Tribunals vom 19. Juli 1853.

Die Kläger haben im Auftrage des Verklagten Major L. Quittungsbogen angekauft und verlangen von ihm ihre Auslagen nebst einer Provision im Betrage von 3600 Thlrn. gegen Auslieferung der besorgten Quittungsbogen erstattet.

Der Verklagte bezeichnet die Geschäfte als nichtig und beantragt die Abweisung der Klage.

Das Kammergericht hat entschieden

Verklagter solle schwören, daß er die Kläger nicht ersucht, die qu. Quittungsbogen für ihn und seine Rechnung anzukaufen.

Verklagter hat hiergegen die Revision eingelegt. Er führt aus·
Der §. 2. der Verordnung vom 24. Mai 1844 mache die Gültigkeit eines jeden Vertrages ohne allen Unterschied davon abhängig, daß der eine Contrahent die Papiere sogleich bei dem Abschlusse des Geschäfts von dem andern erhalten und daß er dagegen den Kaufpreis sofort zahle.

Auch der Vollmachtsvertrag, das Fundament der Klage, sei über Papiere der fraglichen Art geschlossen; er falle daher, seinem Gegenstande nach, unter das Gesetz. Seine, des Revidenten Absicht sei auf den Erwerb der Papiere gerichtet gewesen; er habe dieselben nicht gegen Zahlung dessen, was die Kläger dafür zu fordern hatten, empfangen. Die Ausrichtung des den Klägern gegebenen Auftrages durch Anschaffung der Quittungsbogen und Zahlung des Preises berechtige sie nicht zu dem Anspruche auf den Ersatz des Preises gegen Aushändigung der Quittungsbogen. Es handelte sich hierbei immer um die von dem Verklagten zu leistende, jedoch gesetzlich nicht erzwingbare Erfüllung eines Vertrages, auf welchen sich, ohne Rücksicht auf seine Natur wegen seines Gegenstandes und Zweckes keine durchführbare Klage gründen lasse.

Das Ober-Tribunal hat das zweite Urtheil lediglich bestätigt.

Gründe

Wird der Eid nicht geleistet, so bleibt die Behauptung der Kläger, daß sie die Papiere im Auftrage des Verklagten gekauft haben, unwiderlegt stehen und der Verklagte muß ihnen alsdann die gehabten Auslagen gegen Lieferung der Quittungsbogen erstatten, ohne daß ihm der §. 2. l. c. hiergegen Schutz gewährt.

Denn es sollte dadurch nur den s. g. Zeitkäufen vorgebeugt werden und es waltet davon ein ganz verschiedenes Verhältniß zwischen dem Machtgeber und dem Bevollmächtigten ob, der aus einem Vertrage, den er im Auftrage des Ersteren mit einem Dritten geschlossen hat, nachdem derselbe von beiden Seiten erfüllt worden, den Ersatz der Vorschüsse fordert, die er zu diesem Zwecke für den Machtgeber leisten mußte.

No. 8.

Urtheil des Rheinischen Appellations-Gerichts-Hofes vom 18. December 1856.

Das Bankhaus S. klagte unter dem 24. Oktober 1855 gegen die Gräfin H. zum Königl. Handelsgerichte in Düsseldorf und stützte die Klage darauf, daß es im Jahre 1854 mit der Verklagten eine gesellschaftliche Vereinigung zum An- und Verkauf verschiedener Staatspapiere, Wechsel und sonstiger Werthpapiere geschlossen, wobei es Bedingung gewesen, daß die Geschäfte auf den Namen des S. geführt, an Gewinn und Verlust aber die Verklagte zu $1/3$ betheiligt sein solle. Es seien nun die in der beigefügten Rechnung verzeichneten Geschäfte gemacht, die dort angeführten Gewinne und Verluste entstanden, die ersteren in Rechnung gut gebracht, die letzteren von S. in Folge wiederholten Auftrages der Verklagten gedeckt worden, so daß dieselbe in Folge dessen den geforderten Saldo von 39188 Thlr. zu zahlen habe.

Für die Verklagte wurde behauptet, es seien die fraglichen Geschäfte rechtlich ungültig und zwar a) auf Grund des Art. 1965 des B. G. B., indem dieselben ein reines Börsenspiel, bei dem auf Gewinn aus dem Steigen und Fallen der Staats- und Werthpapiere an der Börse gehofft worden, gewesen seien, und b) auf Grund des §. 1. des Gesetzes vom 13. Mai 1840, wonach alle Verträge, welche über ausländische, auf jeden Inhaber lautende Werthpapiere abgeschlossen würden, wenn sie nicht sofort von beiden Theilen Zug um Zug erfüllt seien, ungültig und nichtig sein sollten; der größte Theil der klägerischerseits behaupteten Geschäfte falle aber unter die durch dieses Gesetz verbotenen, über welche nicht einmal eine gerichtliche Klage zulässig sein solle, ja nach dem Gesetze vom 19. Januar 1836 solle sogar derjenige, der nicht zu den öffentlich bestellten und vereideten Maklern oder Agenten gehöre und gegen Entgeld den An- und Verkauf von Werthpapieren vermittele, bestraft und den dabei Betheiligten für allen Schaden verantwortlich sein.

Das Königl. Handelsgericht wies durch Urtheil vom 13. Januar 1856 die Klage als unbegründet mit den Kosten ab, indem es annahm daß aus der mit der Klage mitgetheilten Rechnung und den eigenen Auslassungen des Klägers hervorgehe, daß die fraglichen Geschäfte in bloßen durch den Art. 1965 des B. G. B. für ungültig erklärten Differenzgeschäften und in, durch das Gesetz reprobirten Verträgen bestanden hätten, die der Kläger für den Antheil der Verklagten als deren Mandatar vermittelt habe, aus welchem ihm ein Klagerecht gegen die Verklagte nicht zustehe.

Gegen dieses Urtheil hat das Bankhaus S. Berufung eingelegt. Es wurde ausgeführt

Das Gesetz vom 13. Mai 1840 erkläre die nicht Zug um Zug geschlossenen Geschäfte über ausländische Aktien keinesweges für strafbar, sondern nur für nicht einklagbar, wenn also die Partheien eine Reihe von Gesellschaften behufs Abschlusses solcher Geschäfte eingegangen wären, so hätten sie keinesweges Gesellschaften zu strafbaren Zwecken geschlossen, sondern nur zum Zwecke des Abschlusses nicht einklagbarer Verträge mit Dritten; sie hätten also das Risiko gelaufen, ob diese Dritten diese Geschäfte ohne Klage erfüllen würden; Letzteres sei nun aber geschehen und nun könne Appellatin sich nicht darauf berufen, daß jene Dritten vielleicht mit Erfolg die Erfüllung hätten weigern oder Appellant ein gleiches hätte thun können; dazu komme, daß sie selbst wiederholt Auftrag zur Deckung gegeben habe, Appellant mithin auch als Commissionair Ersatz des baar Ausgelegten verlangen könne, ferner seien eine Reihe von Geschäften in London, Frankfurt, Wien und Paris geschlossen worden, wo das Gesetz von 1840 nicht gelte, wo also die Verträge einklagbar gewesen seien; endlich beträfen viele Geschäfte auch inländische Aktien, auf die ebensowenig das bezeichnete Gesetz passe; eine Wette liege auch nicht vor, da zwischen den Partheien auch nicht im Entferntesten in diesem Sinne kontrahirt worden und unmöglich behauptet werden könne, daß die dritten Contrahenten, die zur Erfüllung bereit gewesen seien, gewettet hätten. Der Anwalt der Appellatin machte dagegen geltend, daß das Gesetz vom 13. Mai 1840, wie sein Eingang klar besage, ein Prohibitivgesetz darstelle, mithin die Bestimmung des Art. 1833. des B. G. B. jedenfalls anwendbar sei. Der Rheinische Appellations-Gerichts-Hof hat die Berufung verworfen, und zwar

In Erwägung, daß sowohl nach den eigenen Ausführungen der Partheien über den Ursprung und Zweck der zwischen ihnen bestandenen gesellschaftlichen Vereinigung, als auch nach Inhalt der vorliegenden Correspondenz, in Verbindung mit der Thatsache, daß den An- und Verkäufen von Werthpapieren nicht nur eine Ausdehnung gegeben worden, die zu den Vermögensverhältnissen der Partheien außer allem Verhältnisse stand, sondern, daß schließlich überall auch nur die Differenzen in Rechnung gestellt worden sind, ein Zweifel darüber nicht bestehen kann, daß es von Anfang an lediglich auf eine Speculation hinsichtlich des Steigens oder Fallens der Course, oder mit andern Worten, auf solche Operationen abgesehen war, welche schon nach der ihnen durch den allgemeinen Sprachgebrauch gegebenen Bezeichnung „Börsenspiel" als eine Gattung des Spiels oder der Wette mit Recht angesehen werden,

Daß (einstweilen abgesehen von der allgemeinen civilrechtlichen Gültigkeit solcher Verträge) der Einklagbarkeit der Resultate derartiger Operationen, insofern sie den An- und Verkauf ausländischer, auf jeden Inhaber lautender Staats- oder sonstiger Werthpapiere zum Gegenstande hatten, schon die Verordnung vom 13. Mai 1840 entgegensteht, indem sie nicht Zug um Zug erfüllt worden sind und es in dieser Beziehung keinen Unterschied machen kann, daß es sich untergebens nicht direkt von dem Verhältniß des Verkäufers zum Käufer, sondern von den Beziehungen solcher Personen zu einander handelt, welche in Folge vorgängiger Verabredung, gleichmäßig in der Eigenschaft als Käufer resp. Verkäufer aufgetreten sind und von denen die Eine (Appellant) theilweise in Gemäßheit eines ihr von der Andern (Appellatin) ertheilten Auftrages gehandelt hat, indem eine solche Unterscheidung sowohl gegen den Geist, als gegen den Buchstaben des Gesetzes (conf. insbesondere §. 2. l. c.) verstoßen und solchen Geschäften eine partielle Wirksamkeit geben würde, welche sie aus Rücksichten des öffentlichen Wohles nach der Absicht des Gesetzgebers überall nicht haben sollen;

Daß zwar, was die in inländischen Staats- und sonstigen Werthpapieren gemachten Geschäfte betrifft, die Verordnung vom

13. Mai 1840 eine direkte Anwendung hierauf nicht findet, diese Verordnung aber auch andererseits als ein argumentum e contrario nicht benutzt werden kann, um daraus die unbedingte Gültigkeit aller Zeitkäufe in inländischen Werthpapieren herzuleiten, indem für Letztere die allgemeinen civilrechtlichen Grundsätze maßgebend sind, und die citirte Verordnung, weit entfernt eine Aufhebung oder Beschränkung derselben zu bezwecken, vielmehr noch einen Schritt weiter ging und in Betreff ausländischer Papiere die Gültigkeit und Klagbarkeit selbst solcher Verträge, denen die Absicht einer Börsenspeculation nicht zu Grunde liegen dürfte, unbedingt an die sofortige Erfüllung Zug um Zug geknüpft, oder, was auf dasselbe hinausläuft, den Zeitkäufen über solche Papiere, wie sie im §. 1. l. c. aufgeführt sind, die rechtliche Sanktion überhaupt versagt hat;

Daß wenn nun der Art. 1965 des B. G. B. für eine Spielschuld oder für die Zahlung einer Wette jede gerichtliche Klage versagt, hierunter selbstredend nicht jeder Zeitkauf von Papieren oder Waaren, sollte ihm auch eine Speculation zu Grunde liegen, zu begreifen ist, sofern nur die Absicht der Contrahenten ernstlich auf Erwerbung oder Uebertragung der Papiere oder Waaren gerichtet war; daß dagegen, Falls das Kaufgeschäft nur die Form; die Gewinnung der Differenzen aber, nach Maßgabe der mit Sicherheit nie vorauszusehenden Gestaltungen des öffentlichen Lebens, das Wesen und der einzige Zweck der Vereinbarung war, dergleichen Operationen die Natur eines Spiels oder einer Wette, und zwar der gefährlichsten Art, annehmen;

Daß gleich nach dem Eingangs Gesagten, thatsächlich feststeht, daß ein Verhältniß der letzteren Art den zwischen den Partheien getroffenen Vereinbarungen zu Grunde gelegen hat, und es hiernach, was den rechtlichen Gesichtspunkt betrifft, ebenso gleichgültig erscheint, ob etwa in Betreff der an auswärtigen Plätzen von dem Appellanten für gemeinschaftliche Rechnung abgeschlossenen Zeitgeschäften der auswärtigen Contrahenten eine Klage auf Erfüllung gegeben sei, resp. ob Appellant nach Lage der Verhältnisse und in seiner Eigenschaft als Banquier seinen Contrahenten den Einwand des unerlaubten Spieles habe entgegensetzen können, als es ebensowenig in der Sache etwas ändern kann, daß Appellant im untergebenen Falle nicht seinen Gegenspielern, sondern dem associirten Mitspieler gegenüber steht und von diesem Letztern die Erstattung verlangt, da, mag man ihn nun als Socius oder als Mandatar der Appellatin betrachten, in beiderlei

Unterstellung ein Rückgriff nur auf Grund einer causa licita begründet werden könnte (Art. 1833 des B. G. B.);

Daß demnach die Entscheidung des ersten Richters überall sich rechtfertigt und auch die sämmtlichen in gegenwärtiger Instanz gemachten Beweiserbieten des Appellanten als unerheblich sich darstellen.

No. 9.

Urtheil des Ober-Tribunals vom 13. November 1846.

Im Reverse vom 23. Mai 1844 hat der Kaufmann Steinthal sich für verpflichtet anerkannt, dem Beklagten 10000 Gulden Berbach-Ludwigshafen-Eisenbahn-Aktien-Zusicherungsscheine acht Tage nach deren Erscheinen zum Course von 119 p. C. gegen baare Zahlung der Valuta, auf welche er 500 Gulden bereits erhalten, zu liefern.

Darunter steht unter demselben Dato Für uns an die Ordre S. Wilhelm Braun. Werth erhalten. Ahrend & Comp.

Braun will dem Beklagten die Valuta dieser Cession mit 500 Fl. damals bezahlt haben, auch noch 4 p. C. Courtage, und reklamirt das Gezahlte jetzt, indem er die Ungültigkeit des Cessionsgeschäftes behauptet, weil solches dem Gesetze vom 13. Mai 1840 entgegen über ausländische Aktien abgeschlossen sei.

Der erste Richter hat den Verklagten verurtheilt, der zweite die Klage abgewiesen.

Das Ober-Tribunal hat die eingelegte Nichtigkeitsbeschwerde für begründet erachtet, das zweite Urtel jedoch aufrecht erhalten.

Gründe

Nachdem der Appellationsrichter festgestellt hat, daß in dem Vermerke vom 23sten Mai 1844 formell und materiell ein Cessionsgeschäft in Ansehung des Schlußzettels von gleichem Dato vorliege, geht er die verschiedenen Rechtsgründe des klägerischen Reklamationsanspruches durch, und verwirft zuerst den aus der Verordnung vom 13. Mai 1840 abgeleiteten. Diese Verordnung erkläre nur solche Verträge für ungültig, welche über ausländische Papiere abgeschlossen und nicht Zug um Zug von beiden Theilen erfüllt worden. Wenn gleich nun im vorliegenden Falle das Cessionsgeschäft wenigstens mittelbar Papiere der dort gedachten Art betreffe, so fehle es doch an dem anderen Requisite; denn aus den eigenen Angaben der Parteien ergebe sich, daß der Cessionsvertrag von beiden Theilen sofort Zug um Zug erfüllt worden, dadurch nämlich, daß Verklagter die Cessionsurkunde, zugleich mit dem Instrumente, auf welche sich jene bezogen, dem Kläger übergeben, letzterer aber sofort die verabredete Cessionsvaluta bezahlt habe. Daß außerdem auch die Eisenbahn-Papiere, auf welche Verklagter seine Gerechtsame dem Kläger cedirt gehabt, diesem letztern sofort übergeben worden, gehöre nicht zur sofortigen Erfüllung des Cessionsgeschäfts, sogar in dem Falle nicht, wenn Verklagter für die cedirten Rechte Gewähr zu leisten verpflichtet sei. Denn wenn der §. 317 Thl. I. Titel 5 des A. L.-R. auch die Gewährleistung zur Erfüllung rechne, so sei dadurch nur ausgesprochen, daß auch eventuell die Leistung der Gewähr zu den contractlichen Verpflichtungen gehöre, eben deshalb aber, weil solche erst nach erfolgter Uebergabe der contractlichen Leistung und also erst nach der in dieser Art bereits geschehenen Contractserfüllung eintreten könne, müsse, wenn das Gesetz von einer sofortigen Erfüllung des Vertrages spreche, hierbei die nur eventuelle Verpflichtung zur Gewährleistung außer Betracht bleiben.

Die Theorie des Appellationsrichters über die Anwendbarkeit der Verordnung vom 13. Mai 1840 greift nun Implorant an, zuvörderst einen Verstoß gegen §. 317 Thl. I. Titel 5 des A. L.-R. behauptend, indessen ohne Grund.

Dem Appellationsrichter ist nämlich darin unbedingt beizupflichten, daß wenn gleichzeitig Leistung und Gegenleistung statt gefunden haben, hierin die Erfüllung Zug um Zug liegt, von der das Gesetz handelt, die vertragsmäßige Pflicht der Gewährleistung, die in der Regel bei jedem lästigen Geschäfte eintritt, aber nicht als ein Moment angesehen werden kann, um jene Zug um Zug bewirkte Erfüllung auszuschließen, vielmehr nur als vertragsmäßige Pflicht eine Folge des abgeschlossenen Vertrages ist.

Sodann erhebt Implorant den Vorwurf, daß nach der Verordnung vom 13. Mai 1840 unter Erfüllung Zug um Zug auch bei den Cessionen die Aushändigung der Eisenbahn-Papiere selbst verstanden werde, indem nur unter dieser Voraussetzung der Zweck des Gesetzes, den Verkehr mit ausländischen Papieren und namentlich die Zeitkaufsgeschäfte zu beschränken, habe erreicht werden können.

Der §. 1 des mehr gedachten Gesetzes erklärt indessen Verträge, welche über ausländische Papiere der fraglichen Art errichtet werden, nur dann für gültig, wenn sie sofort von beiden Theilen Zug um

Zug erfüllt werden, sonst ohne Ausnahme für nichtig. Bildet nun gleich die ausländische Aktie den Gegenstand des Cessionsvertrages, insofern von deren Lieferung die Rede ist, so spricht doch das Gesetz deutlich von der Erfüllung des Vertrages, nicht von geschehener Aushändigung der ausländischen Papiere selbst.

Der Cessionsvertrag ist aber unleugbar erfüllt, sobald einerseits die Valuta der Cession gegeben, anderentheils die schriftliche Cession geleistet, und der cedirte Schlußzettel ausgehändigt ist. Daß der Cessionar, wenn er die Rechte aus dem cedirten Aktivo realisiren will, hiezu selbst dem Uebernehmer noch eine Zahlung leisten muß, wie dies bei allen Cessionen der Rechte aus zweiseitigen Verträgen vorkommen kann, hindert die gänzliche Erfüllung der Cession selbst zwischen Cedent und Cessionarius nicht, hat vielmehr lediglich auf das Hauptgeschäft Bezug. Dies Hauptgeschäft, da es nicht Zug um Zug erfüllt ist, bleibt unverbindlich, während die Cession völlig zu Rechte besteht, weil sie erfüllt ist. Das übertragene Recht besteht nicht in den Aktien selbst, sondern in dem Rechte, welches dem Cedenten aus dem Kaufvertrage gegen den Uebernehmer zustand. Daß letzteres nicht zu realisiren ist, kann einen Anspruch auf Gewährleistung begründen, die Cession selbst aber nicht aufheben.

Das Gesetz hat zwar die Vergleiche über die für unverbindlich erklärten Geschäfte ebenfalls unklagbar gemacht; denn diese bestehen unter den Contrahenten selbst, nicht aber die Uebertragung des Rechts des einen Contrahenten auf eine dritte Person.

Es läßt sich auch nicht behaupten, daß das Verbot der Cession der Rechte aus einem Zeitkaufsgeschäfte zur Erreichung des Zweckes des Gesetzes, die Zeitkaufsgeschäfte zu beschränken, nothwendig gewesen wäre. Denn die Cession erzeugt kein neues Zeitkaufsgeschäft und kann ebensowenig das alte unverbindliche verbindlich machen, dient also nicht zur weiteren Ausdehnung eines derartigen Verkehrs. Besteht, wie hier, die gegebene Valuta in dem Betrage des Angelds, was der Cedent im Voraus gegeben hatte, so ist vollends durchaus keine eigentliche Veränderung, abgesehen von dem Personenwechsel ersichtlich, indem nunmehr der Cessionar statt des Cedenten eintritt, und bei der Unverbindlichkeit des Geschäfts das Gegebene von dem Uebernehmer einzuklagen berechtigt ist. Jedenfalls würde aber auch die etwaige Absicht des Gesetzgebers nicht hinreichen, um eine Disposition zu suppliren, die er nicht erlassen hat.

Hiernach erscheint das Gesetz vom 13. Mai 1840 durch die Ausführung des Appellationsrichters nicht verletzt, wobei übrigens die dem Cedenten etwa obliegende Gewährleistung bestehen bleiben kann. Der erste Richter hatte den Verklagten verurtheilt, weil dem Verklagten als Cedenten die Gewähr obliege; hier aber eine ungültige Forderung cedirt sei, für welche um deswillen Verklagter aufkommen müsse. —

Der zweite Richter beseitigt diesen Grund mit der Erwägung, die Pflicht des Cedenten zur Gewährleistung könne nur für solche Mängel gefordert werden, welche dem Uebernehmer einer Sache nicht bekannt gewesen. Dieser Grundsatz werde in §. 159 Titel 11 und §. 330 Theil I Titel 5 des A. L.-R., deutlich anerkannt. Derselbe gelte nicht nur für körperliche Sachen, sondern auch für Rechte, in Bezug auf letztere ergebe sich dies aus §. 421. Th. I. Titel 11. des A. L.-R. wonach die Gewährleistungs-Pflicht ausgeschlossen sei, wenn die Forderung ausdrücklich als zweifelhaft cedirt worden.

Dem ausdrücklichen Bemerken, daß die Forderung zweifelhaft sei, komme es gleich, wenn die Zweifelhaftigkeit dem Cessionar schon bekannt sein müsse. Letzteres sei hier der Fall. Alle Theile seien darüber einig, daß die cedirte Forderung eine ungültige gewesen, weil dieselbe der Nichtigkeitserklärung der Verordnung vom 13. Mai 1840 unterliege. Diese Verordnung, als eine durch das Amtsblatt und die Gesetzsammlung publicirte Gesetzvorschrift habe dem Kläger bekannt sein müssen; auf seine vorgebliche Unbekanntschaft mit dem Inhalte dieser gesetzlichen Vorschrift komme es nach §. 12 der Einleitung zum A. L. R. nicht an. Habe hiernach Kläger die Zweifelhaftigkeit des Anspruchs kennen müssen, so könne er nach den oben entwickelten Grundsätzen auf Leistung der Gewähr nicht Anspruch machen.

Abgesehen von den sonstigen Gründen, welche dem Gewährsanspruch wenigstens zur Zeit entgegenstehen können, erscheint der hier *allein* geltend gemachte unhaltbar, und als Verletzung des §. 420 Thl. I Tit 11. des A. L.-R. und als unrichtige Anwendung des §. 421.

Allerdings beruht die Gewährsleistung beim Kaufe und bei der Cession auf denselben Fundamentalprinzipien, im Wesentlichen nämlich auf dem allgemeinen Grundsatz, daß Verträge erfüllt, daß das, was stipulirt, oder als stipulirt vorauszusetzen ist, auch gewährt werden muß. Dies berechtigt aber nicht, von Vorschriften, die sich auf körperliche Sachen beziehen, und eben auch nur in der Natur dieser ihren Grund haben, eine analoge Anwendung auf die Cession von Rechten zu machen, in Ansehung deren ausdrückliche gesetzliche

Vorschriften vorhanden sind, welche zur Richtschnur dienen müssen. Auch passen die Analogien der §. 330 Thl. I Titel 5 und §. 159 Thl. I Titel 11 des A. L.-R. in keiner Weise auf den hier vorliegenden Fall. Von dem Uebernehmer einer Sache, der solche trotz eines in die Augen fallenden Fehlers doch übernimmt, wird mit Fug vorausgesetzt, daß er auf die Gewährleistung verzichtet, und dasselbe läßt sich von dem Annehmer sagen, der weiß, daß die Sache einem Andern gehört und sie doch kauft (§. 159 Thl. I Titel 11 des A. L.-R.). Mit einer solchen klar vorliegenden vorhandenen Wissenschaft, läßt sich aber die Regel, daß ignorantia legis nicht entschuldigt, also der Cessionar das der Gültigkeit entgegenstehende Gesetz kennen müsse, auf keine Weise in Parallele bringen.

Die Entscheidung ist vielmehr im §. 420 Thl. I Titel 11 zu suchen, welcher verordnet:

> Der Cedent ist dem Cessionario für die Richtigkeit und Rechtsgültigkeit der abgetretenen Forderung zu haften verpflichtet,

ganz übereinstimmend mit der gemeinrechtlichen Regel, daß nomen verum bei der Cession zu gewähren.

Haften also muß der Cedent dafür, daß ihm die Forderung an sich gesetzlich zusteht, und nicht durch eine begründete Einrede des debitor cessus aufgehoben ist.

> Vera autem actio haec dicitur, quae non tantum ipso jure competit, sed etiam exceptionibus perimi nequit,

sagt Lauterbach Lib. 18 Tit. IV §. 39.

Daß also die Forderung nicht vermöge eines allgemeinen Gesetzes unklagbar sein muß, gehört mit in den Kreis, für welchen gehaftet wird, und der Cedent wird, durch die Pflicht des Cessionars, jenes Gesetz zu kennen, von dieser seiner Haftbarkeit an sich nicht befreit, was auch aller bona fides zuwider laufen würde. Die Fälle, in denen die Befreiung von der Haftbarkeit eintritt, sind im §. 421 l. c. erwähnt und beschränken sich darauf:

1) wenn die Forderung ausdrücklich als zweifelhaft abgetreten,
2) wenn dem Cedenten die Gewährleistung erlassen ist.

Dann haftet der Cedent nur wegen absichtlichen Verschweigens der wahren Lage der Sache oder wegen Betruges, sonst also nicht. Diese Ausnahmefälle treten in casu nicht ein, die Fassung des ersten Ausnahmefalles „ausdrücklich als zweifelhaft abgetreten" zeigt aber zur Genüge die Unzulässigkeit einer analogen Anwendung auf den Fall, wo bei gehöriger Erwägung und Kunde der bestehenden Gesetze ein Zweifel in dem Cessionarius hätte entstehen können, da ja nicht einmal ein wirklich entstandener Zweifel befreit, wenn es an der ausdrücklichen Bezeichnung fehlt.

Diese Vorschriften erscheinen auch der Billigkeit wie dem Rechte völlig gemäß, wenn man erwägt, daß der Gegenstand der Gewährleistung bei der Cession sich nach §. 425 ibidem immer nur auf die gegebene Valuta beschränkt, die Lage der Parteien, bei eingetretener Entwährung, also nur auf den vorigen Stand zurückgeführt wird.

Hiernach widerstreitet die Ansicht des Appellationsrichters, der schon die Existenz der Verordnung vom 13. Mai 1840 als hinreichend zur Ausschließung der Gewährleistungspflicht betrachtet, den angeführten Gesetzstellen.

In der Hauptsache war jedoch das zweite Erkenntniß aufrecht zu erhalten; denn:

Der Kläger hat in der Klage seinen Anspruch darauf, daß ihm Gewähr zu leisten sei, gar nicht gegründet und der erste Richter ganz zur Ungebühr darauf Rücksicht genommen. Es erhellet nicht, daß Kläger die Erfüllung des Vertrages von Steinthal gefordert und dieser sie geweigert habe, es ist dies Letztere vielmehr sehr unwahrscheinlich, da die Quittungsbogen im Course sehr gewichen sind. Wäre es aber auch geschehen, so mußte Kläger zuvörderst die Herausgabe des Angeldes, welches der valuta cessionis ganz gleich kommt, von Steinthal verlangen, und es ist nicht einmal behauptet, daß dieser Anspruch unrealisirbar gewesen wäre. Mehr als Kläger an valuta cessionis gegeben, konnte er aber nach §. 425 Titel 11 Thl. I des A. L.-R. vom Verklagten nie ersetzt verlangen. Ein Fall der Gewährleistung liegt daher jetzt noch nicht vor; auf Höhe der valuta cessionis ist die abgetretene Forderung, so viel zur Zeit anzunehmen, nicht nichtig.

No. 10a.

Urtheil des Stadt-Gerichts zu Breslau vom 7. November 1844, des dortigen Appellations-Gerichts vom 8. März 1845 und des Ober-Tribunals vom 18. October 1845.

Mittelst Schlußzettels vom 25. Mai 1844 verpflichtete sich die Handlung C. S. und C. dem Kaufmann L. W. St. bis zu dem 15. Juli 1844 nach dessen Bestimmung täglich 25000 Lires Mailand-Venediger-Eisenbahn-Zusicherungsscheine zum Course von 128 p. C. zu liefern, und empfing auf den verabredeten Preis ein Angeld von 500 Thlrn. Die Abnahme der verschlossenen Papiere erfolgte nicht, vielmehr ward L. W. St. gegen die Handlung C. S. und C. klagbar auf Rückzahlung des Angeldes nebst 5 p. Ct. Zinsen seit dem Tage der insinuirten Klage.

Das Stadt-Gericht zu Breslau wies den Kläger am 7. November 1844 ab:

weil nach dem Gesetze vom 13. Mai 1840 aus dem zwischen den Partheien über auswärtige Actien geschlossenen und nicht sofort Zug um Zug erfüllten Geschäfte überhaupt keine Klage, also auch nicht auf Rückzahlung des gegebenen Angeldes stattfinde, und dieses Gesetz als Specialgesetz der allgemeinen Bestimmung des §. 221 Titel 5 Thl. I A. L.-R. derogire.

Auf die von dem Kläger eingewandte Appellation wurden die Verklagten zur Zahlung der eingeklagten Summe verurtheilt.

Gründe:

Der erste Richter gründet seine Entscheidung lediglich darauf, daß nach dem Gesetze vom 13. Mai 1840 aus solchen Geschäften wie das vorliegende, welches über ausländische Papiere geschlossen, und nicht Zug um Zug erfüllt worden ist, überhaupt keine Klage also auch keine Klage auf Rückzahlung des gegebenen Angeldes stattfinde, und daß dieses Gesetz als lex specialis der allgemeinen Bestimmung des §. 221 Tit. 5 Th. I des A. L.-R. derogire.

Daß der vorliegende Vertrag diesem Gesetze unterliegt, ist unstreitig und unzweifelhaft.

Für die Auslegung des ersten Richters scheinen auch die Worte „überall nicht“ und die Bestimmung über Vergleiche aus dergleichen Verträgen zu sprechen, zumal wenn man erwägt, daß, Falls sich die Partheien dahin verglichen hätten, daß der Vertrag vom 25. Mai pr. aufgehoben sein, und Verklagter das Angeld ganz oder zum Theil zurückzahlen solle, Kläger aus diesem Vergleiche das Angeld nicht würde einklagen dürfen, während er bei einer, dem ersten Urtel entgegengesetzten Auslegung der Verordnung denselben Anspruch dennoch aus dem Gesetze geltend machen könnte. Allein diesen Argumenten steht entgegen, daß ein und derselbe Anspruch überhaupt aus dem einen Rechtsgrunde klagbar und aus dem andern nicht klagbar sein kann, und daß die vorliegende Klage, weder aus dem Vertrage, noch aus einem darauf bezüglichen Vergleiche, sondern lediglich auf Grund der Thatsache, daß das jetzt zurückverlangte Geld geständlich dem Verklagten gegeben worden, angestrengt ist.

Nur eine aus einem über ausländische Papiere geschlossenen und nicht Zug um Zug erfüllten Vertrage resp. Vergleiche angestellte Klage, namentlich eine solche, die auf Erfüllung eines solchen Vertrages oder Vergleiches gerichtet ist, wird durch das Gesetz vom 13. Mai 1840 ausgeschlossen.

Das Recht zur Rückforderung des auf einen nichtigen Vertrag Gegebenen, folgt schon aus den allgemeinen Bestimmungen §§. 262, 265, 273 und 277 Tit. 13. Th. I. des A. L.-R.

Mit Recht hat aber Kläger seinen Anspruch speciell auf §. 221, Tit. 5. Th. I. a. a. O. gestützt, der bestimmt:

> daß eine Draufgabe auch dann zurückgegeben werden muß, wenn der Vertrag durch wechselseitige Einwilligung beider Theile wieder aufgehoben wird, oder wegen Mangels der rechtlichen Erfordernisse nicht bestehen kann.

Daß die vom Kläger gezahlten 500 Thlr. eine solche Draufgabe sind, ist unstreitig.

Mit Rücksicht auf §. 207 l. c. muß wenigstens der §. 221 auch bei jedem Angelde gelten.

Rechtliches Erforderniß eines Vertrages ist auch die Legalität, vermöge deren er durch positive Gesetze weder verboten, noch gemißbilligt, noch einfach vernichtet wird. Dieses Erforderniß mangelt dem Vertrage vom 25. Mai 1844 und der Anspruch des Klägers ist deshalb aus dem angezogenen § gerechtfertigt.

Einflußlos ist dabei, ob Verklagte bereitwillig gewesen seien, den Lieferungs-Vertrag ihrerseits zu erfüllen, weil alle ihre diesfällige Erklärungen unverbindlich sind.

Es könnte der Zweifel erhoben werden, ob die Verordnung vom 13. Mai 1840 nicht als ein Verbots-Gesetz anzusehen und darum gemäß §§ 172, 173, Tit. 16. Th. I. des A. L.-R. der Kläger abzuweisen sei.

Sie kündigt sich nämlich im Eingange als ein zur Begegnung der Mißbräuche mit dergleichen Geldpapieren bestimmtes in der Verordnung vom 19. Januar 1836 (zunächst spanische Papiere betreffend) vorbehaltenes, dieser sich also anreihendes Gesetz an. Die Verordnung von 1836 lautet im §. 1 mit der von 1840 gleich, bedroht aber im §. 2 die, solche nichtige Verträge schließenden Contrahenten mit Geld und Gefängnißstrafe, ist also offenbar ein Verbotsgesetz.

Diese Strafandrohung ist in der Verordnung von 1840, wie auch in der sich ferner anreihenden Verordnung vom 24. Mai 1844 fortgelassen.

Daß hierdurch auch eine civilrechtliche Verschiedenheit in den Wirkungen der wörtlich gleichlautenden §§ dieser 3 Verordnungen entstehen sollte, scheint allerdings nicht in der Absicht des Gesetzgebers gelegen zu haben; dennoch ist ein ausdrückliches Verbot nicht in der Verordnung von 1840 zu finden. Es muß daher die Auslegungsregel des §. 46 der Einleitung zum A. L.-R. entscheiden; es kann also das vorliegende Geschäft als ein verbotenes nicht angesehen werden.

Gegen diese Entscheidung legten die Verklagen das Rechtsmittel der Nichtigkeitsbeschwerde ein. Dieselbe ist jedoch von dem Königl. Geh. Ober-Tribunal verworfen worden.

Gründe:

Imploranten achten Rechtsgrundsätze und gesetzliche Vorschriften für verletzt.

Als diese bezeichnen sie

a) den §. 1 Verordn. v. 13. Mai 1840;
b) den §. 86 der Einleitung zum Landrecht, über unvollkommene, durch die Gesetze nicht unterstützte, keine Klage resp. Einrede begründende Rechte;
c) den §. 27, Tit. 3, I. A. L.-R. Niemand darf den andern etwas zu thun zwingen, oder sonst dessen Freiheit zu handeln einschränken, dem nicht ein besonderes Recht dazu gebührt;
d) die §§. 55, 67, Tit. 5. I. A. L.-R. Hat der, der sich das Unmögliche versprechen ließ, dem Versprechenden in Rücksicht auf den Vertrag bereits etwas gegeben oder geleistet, so ist das Geschäft für eine Schenkung anzusehen, und:
Kann bei Verträgen über Sachen, die dem Verkehr entzogen sind, das Hinderniß nicht gehoben werden, so findet das bei Verträgen über unbedingt unmögliche Handlungen in den §§. 52—57 Verordnete statt;
e) die §§. 207, 221, Tit. 5. I. A. L.-R. über Angeld resp. dessen Zurückzahlung bei einem Geschäft, das wegen Mangels der rechtlichen Erfordernisse nicht bestehen kann;
f) die §§. 262, 265, 273, 277, Tit. 13. I. A. L.-R. über nützliche Verwendungen.

Auf die Vorschriften ad f. über nützliche Verwendung kommt es nicht an. Die Entscheidung beruht in ihnen wesentlich nicht.

Die Vorschriften b. c. d. über unvollkommene Rechte, resp. erzwingbare Rechte, ferner über ungültige auf unmögliche Handlungen und Leistungen und Sachen, die dem Verkehr entzogen sind, sich erstreckende Verträge, sind hier auch ganz dahin zu stellen. Der vorliegende Fall ist ihnen nicht unterzuordnen und vom Richter nicht untergeordnet worden. Sonach beschränkt sich die Beurtheilung auf die Vorschriften ad a. und e., nämlich auf die Verordnung vom 13. Mai 1840 und die §§. 207, 221, Tit. 5. Th. I. Landr. über Angeld und die Verpflichtung zu dessen Rückzahlung bei der Hinfälligkeit des Rechtsgeschäfts wegen Mangels der gesetzlichen Erfordernisse. Dies sind auch allein die vom Richter der Entscheidung zum Grunde gelegten Vorschriften. Auch sie sind nicht als verletzt anzusehen.

Die obigen §§. 207 und 221 treffen im Allgemeinen zu. Ein Angeld liegt vor. Die Zahlung wird auch im Lieferschein ausdrücklich so bezeichnet, und, indem sie auf die Valuta für die Papiere, auf den Kaufpreis in Abrechnung kommen soll, gesetzlich als ein Angeld charakterisirt. Das Geschäft ist unkräftig, es ist nach den Worten der Verordnung vom 13. Mai 1840 nichtig, überall keine Klage begründend. Als ein solches Geschäft fällt es in das Gebiet aller derjenigen Rechtsgeschäfte überhaupt, denen die rechtlichen Erfordernisse abgehen, und die wegen eines Mangels nicht bestehen können. Bleibt man bei dieser Nichtigkeit stehen, so folgt daraus auch die Verpflichtung zur Rückgabe des in Abrechnung auf das Geschäft gegebenen Angeldes nach der allgemeinen Vorschrift des §. 221, insofern nicht ein besonderer Rechtsgrund diese Rückgabe ausschließt. Dies führt nun auf die Verordnung vom 13. Mai 1840. Es fragt sich, ob sie dem Anspruche entgegensteht. Der Richter verneint es. Er legt ein durchgreifendes Gewicht auf die Annahme, daß die Verordnung kein, den Anspruch ausschließendes Verbotsgesetz und die darauf bezügliche Vorschrift des Landrechts I. 16. §. 172 deshalb nicht anwendbar sei. Der Richter hat die Bedenken gegen seine Ansicht aus dem Inhalte der Verordnung von 1836 gehörig hervorgehoben, sie aber dann erledigt. Es ist ihm beizustimmen. Der Zweck der Verordnung ist unverkennbar. Es hat durch sie der, aus Zeitgeschäften über dergleichen im Werthe stets schwankende Papiere entstehende Mißbrauch, ein reines Spiel, ausgeschlossen werden sollen. Dies konnte mit Wirkung nur dadurch geschehen, daß man die Gültigkeit solcher Geschäfte an die sofortige gegenseitige Erfüllung band, das abgemachte Geschäft als ein solides rechtsbeständiges gelten ließ, dagegen das unerfüllte für unkräftig, für nichtig, erklärte. Dadurch wurde die Festsetzung nöthig, daß ein solches Geschäft überall — in allen Beziehungen — nicht klagbar sein solle. Die drei Verordnungen von 1836, 1840 und 1844 enthalten, was diese Bestimmung betrifft, wörtlich dieselbe Festsetzung. Bleibt man bei ihr stehen, so ist durch sie nur die Civilfolge in Betreff des Rechtsgeschäfts geregelt worden, mehr aber nicht. Nichtig soll es sein, unkräftig in allen Beziehungen. Nichtig ist aber nicht zugleich unerlaubt, verboten. Diesen Charakter erlangt ein solches Rechtsgeschäft erst dann, wenn es gegen ein ausdrückliches Verbotsgesetz läuft, oder wohl gar mit Strafe bedroht ist. Die Verordnung von 1836 ist ein solches verbietendes Gesetz. Die Verordnungen von 1840 und 1844 haben die Strafbestimmungen nicht aufgenommen. Ohne Weiteres kann man diese in sie nicht übertragen. Grade die Auslassung der älteren Bestimmung, ungeachtet des Zusammenhanges der neueren Verordnungen mit der von 1836, sprechen dafür, daß die ältere Strafbestimmung mit Vorbedacht nicht eingeschaltet worden ist. Dem Gesetzgeber war es mit der Bedrohung eines solchen unerfüllten Geschäfts mit der Nichtigkeit genug. Bleibt man bei deren Folgen allein stehen, so ist dann der Anspruch begründet. Die Verordnung schließt ihn nur aus, soweit er aus dem Vertrage selbst erhoben wird, also auf Erfüllung, oder Entschädigung wegen Nichterfüllung geht. Hier wird nur die Rückgabe dessen gefordert, was Verklagte zu empfangen haben, wenn sie auf Erfüllung resp. Entschädigung wegen Nichterfüllung bestehen können. Der Vertrag bildet nicht den Rechtsgrund für die Forderung, vielmehr hat letztere umgekehrt ihren Rechtsgrund grade in der Hinfälligkeit des Rechtsgeschäfts. Es kann aus der Bestimmung: „es soll überall keine Klage stattfinden," nicht auch die Folgerung gezogen werden, „auch die Rückforderung des Gegebenen sei ausgeschlossen." Diese Annahme scheint den allgemeinen Rechtsgrundsätzen über die Folgen der Nichtigkeit eines Rechtsgeschäfts, insoweit sie nicht durch specielle Bestimmungen in ihrer Wirkung besonders festgestellt worden sind, nicht gemäß. Demgemäß hat der Richter den Anspruch durch die Verordnung von 1840 in Verbindung mit obigen §§. 172, 173 mit Recht nicht für ausgeschlossen erachtet. Imploranten gehen selbst davon aus, daß letztere Vorschrift keine Anwendung finde. Dies kann nicht auffallen, wenn man erwägt, daß, im Fall ein Verbotsgesetz, ein unerlaubtes Geschäft vorliegt, Fiskus den Verklagten den verbotenen Gewinn zu entreißen befugt erscheint. Tritt aber diese Anwendung nicht ein, dann kann Kläger auch die Zurückforderung geltend machen, und die Verklagten müssen ihr genügen. Behalten das Empfangene, also gewinnen, sollen sie nicht. Es würde dadurch nicht bloß eine Ungleichheit im Recht in Ansehung der Interessenten geschehen, sondern auch eine Umgehung des Gesetzes vom 13. Mai 1840 herbeigeführt werden. Ein specielles Gesetz steht der Rückforderung nicht entgegen. Schenkung ist nicht anzunehmen.

No. 10 b.

Urtheil des Stadtgerichts zu Berlin vom 12. Oktbr. 1844, des Kammergerichts vom 9. April 1845 und des Ober-Tribunals vom 22. August 1845.

Die Kaufleute M. und M. verpflichteten sich in einem Scheine vom 30. Mai c. dem Kaufmann E. G. zu der projektirten Rheinschanz-Berbacher Eisenbahn Aktien im Betrage von 10,000 Gulden 8 Tage nach deren Erscheinen zum Course von 117 Prozent zu liefern. G. zahlte ihnen dafür 285 Thlr. 21 Sgr. 6 Pf. als Angeld, behauptet, daß die qu. Aktien bereits vor länger als 4 Wochen ausgegeben seien, wie eine Auskunft der Aeltesten hiesiger Kaufmannschaft ergeben soll, M. und M. jedoch weder geliefert, noch die Lieferung angeboten, und will auf Grund des A. L.-R. Th. I. Tit. 11. §§. 981, 878 und Tit. 5. §§. 408, 410, 411, und weil der Vertrag nach dem Gesetze vom 13. Mai 1840, indem die zu liefernden Aktien eine ausländische Eisenbahn angingen, ungültig sei, von dem Vertrag abgehen.

Verklagte bestreiten ihre Verpflichtung zur Rückzahlung des Angeldes, weil der Vertrag nach §. 1 des Gesetzes vom 13. Mai 1840 nichtig, eine Klage deshalb überall nicht zulässig, eine condictio indebiti aber vom Kläger nicht angestellt sei, noch weniger begründet werden könnte. Event. behaupten sie, daß sie rechtzeitig, nämlich 8 Tage nach Erscheinen die qu. Papiere angeboten, Kläger aber die Annahme verweigert habe, auch erklären sie sich bereit, die versprochenen Papiere gegen Zahlung der Rest-Valuta noch jetzt zu liefern.

Der erste Richter hat den Verklagten verurtheilt.

Gründe.

Die Verurtheilung der Beklagten nach dem Klageantrage konnte keinem Bedenken unterworfen sein.

Es kann dahin gestellt bleiben, ob die Beklagten, wie sie behaupten, dem Kläger die Erfüllung des Vertrages vom 30. Mai d. J. angeboten haben. Denn daß keine der beiden Parteien zur Erfüllung dieses Vertrages verpflichtet war, wird von beiden Theilen anerkannt. Kein Theil kann dem andern die Nichterfüllung des Vertrages zum Vorwurfe machen, oder aus dieser Nichterfüllung ein Recht auf Entschädigung herleiten.

Eine andere Frage ist jedoch die:

Ob Kläger dasjenige, was er als „Angeld" also (nach §. 206 des A. L.-R. Th. I. Tit. 5) auf Anrechnung der übernommenen Verbindlichkeit vorausgegeben hat, zurückfordern kann?

Beklagte wollen diese Frage zuvörderst deshalb verneinen, weil das Gesetz vom 13. Mai 1840 jede Klage aus einem solchen Geschäfte, wie dem vorliegenden, für unzulässig erklärt habe. Allein sie übersehen hierbei, daß der Anspruch des Klägers nicht aus dem Geschäfte, d. h. auf Erfüllung desselben, sondern vielmehr auf Annullirung des Geschäfts, gegen das Geschäft gerichtet ist, also mit der Intention des Gesetzgebers vollkommen übereinstimmt. Nicht auf Grund des Geschäfts fordert Kläger von den Beklagten etwas, sondern vielmehr verlangt er etwas deswegen zurück, weil er es gegeben hat, der Grund aber, aus welchem das Geben erfolgte, ungültig war.

Eben so wenig passen die Vorschriften über Rückforderungen von Zahlungen (condictio indebiti) im §. 178 ff. des A. L.-R. Th. I. Tit. 16, welche Beklagte dem Anspruche des Klägers entgegenstellen wollen. Nicht eine Zahlung ist es, die Kläger anficht, sondern ein Angeld, welches er zurückfordert. Beide Leistungen können aber aus demselben Gesichtspunkte nicht betrachtet werden. Die Zahlung ist die Verbindlichkeit des Schuldners, durch Geld oder geldgleiche, auf jeden Inhaber lautende Papiere, das Angeld dagegen eine Vorausgabe, welche in Erwartung der später erst zu leistenden Erfüllungen geschieht (§. 206 des A. L.-R. Th. I. Tit. 5). Durch die Zahlung wird das Geschäft, aus dem sie geleistet wird, gänzlich abgemacht. Das Abgemachte, Thatsächliche schützt das Gesetz überhaupt, es will nicht, daß das einmal Beendigte nochmals in Zweifel gezogen werde. Ebenso wie die Erfüllung von beiden Seiten den Formmangel hebt

(§. 146 des A. L.-R. Th. I. Tit. 5), wird die Aufrufung der Zahlung an die Coexistenz mehrfacher, schwer darzuthuender, Bedingungen geknüpft (§. 178 ff.). Allgemeinen Bestimmungen analoge Anwendung auf die Rückforderung von Angeldern zu gestatten, erscheint nicht gerechtfertigt, da der obgedachte Grund jener Bestimmungen (die ratio legis) hier nicht zutrifft, indem die Hingabe eines Angeldes das Geschäft noch nicht als ein vollendetes, gänzlich abgemachtes, erfülltes hinstellt. Die allgemeinen Vorschriften im Titel von Verträgen (Th. I. Tit. 5) enthalten über die Rückforderung der Angelder bei nichtigen Verträgen keine Bestimmung. Eben so wenig können die §§. 182, 183 des A. L.-R. Th. I. Tit. 16 bei Verträgen, die von Anfang an nichtig waren, für maßgebend erachtet werden, weil sie ausdrücklich nur für solche Verträge gegeben sind, welche späterhin für ungültig erklärt (rescindirt) werden. Ob ferner die Vorschrift des §. 200 des A. L.-R. Th. I. Tit. 16 anwendbar sei, mag zweifelhaft erscheinen, weil sie nur von der Rückforderung des „außer dem Falle eines Vertrages" Gegebenen spricht, hier aber ein, wenngleich ungültiger Vertrag vorliegt. Dennoch kann die Verpflichtung der Beklagten, zur Rückgewähr des erhaltenen Angeldes keinem Bedenken unterworfen sein. Der Grund, aus welchem sie das Angeld erhielten, ist kein rechtsgültiger, sie besitzen daher ohne Rechtsgrund, ohne Titel etwas, was sie aus dem Vermögen des Klägers empfangen haben. Dies zu behalten, gestattet ihnen das Gesetz nicht, es verbietet vielmehr, daß Jemand mit dem Schaden eines Andern sich bereichere. §§. 230, 232 des A. L.-R. Th. I. Tit. 13. Es verordnet ferner, daß derjenige, aus dessen Vermögen etwas in den Nutzen eines Andern verwendet worden, dasselbe entweder in Natur zurück, oder für den Werth desselben Vergütung erstatten müsse, §. 262 des A. L.-R. Th. I. Tit. 13. und bestimmt, daß dies Prinzip der nützlichen Verwendung stets zur Anwendung kommen solle, wenn ein rechtlicher, d. h. rechtsgültiger Vertrag zwischen den Parteien nicht vorhanden ist. §. 277 ebendaselbst.

Der Appellations-Senat des Kammer-Gerichts bestätigte das Urtel erster Instanz am 9. April 1845 aus folgenden

Gründen.

Der von den Parteien geschlossene Lieferungsvertrag betrifft ausländische Aktien, und da er nicht von beiden Theilen sofort erfüllt wurde, so ist er nichtig.

Die Effectuirung desselben würde dem Gesetze widerstreiten und es kann deshalb der Ausführung der Verklagten nicht beigetreten werden, wenn sie behaupten, daß das Bestehen des Vertrages lediglich von dem Willen des Klägers abhinge.

Noch weniger läßt sich mit den Verklagten annehmen, daß Kläger eine moralische Verpflichtung zur Erfüllung des Vertrages habe, denn Stipulationen, welche das Gesetz für nichtig erklärt, begründen keine moralische Verbindlichkeiten.

Nach §. 221, 5, I. A. L.-R. muß das Angeld zurückgegeben werden, wenn der Vertrag durch wechselseitige Einwilligung beider Theile wieder aufgehoben wird, oder wegen Mangels der rechtlichen Erfordernisse nicht bestehen kann. Die letztere Alternative liegt hier vor, und Verklagte erscheinen sonach nicht berechtigt, das Angeld zu retiniren. Dasselbe bildet einen Theil des Aequivalents, welches Verklagte für die Lieferung der Actien empfangen sollten. Das Lieferungsgeschäft ist nach der Vorordnung vom 13. Mai 1840 nichtig. Die Lieferung kann nicht realisirt werden, und es fällt hiermit jeder Grund fort, aus welchem sich ein Recht der Verklagten auf das Angeld herleiten ließe. Das Princip, auf welchem der §. 221, Tit. 5 l. c. beruht, stimmt mit der condictio sine causa des römischen Rechts überein. Diese setzt keinesweges eine Eigenmacht des Besitzers der Sache voraus, sondern sie trifft ein, wenn die Sache einer Person auf eine andere eigenthümlich übertragen wurde, ohne einen anfänglichen und ohne einen fortdauernden Rechtsgrund. (Thibaut 8. Ausg. Bd. II. §. 645).

Der Umstand, daß der frühere Eigenthümer der Sache diese selbst dem Andern übergab, schließt die condictio sine causa nicht aus, sondern das Entscheidende ist, daß der Empfänger ohne Rechtsgrund besitzt und daß er sich bei einem ferneren Behalten der Sache mit dem Schaden des frühern Besitzers bereichern würde.

Daß die Anwendbarkeit des §. 221, 5, I. A. L.-R. durch ein freiwilliges Handeln des Rückfordernden nicht beschränkt wird, unterliegt keinem Zweifel, denn von einem Angelde kann eben nur die Rede sein, wenn der eine Contrahent absichtlich und aus freien Stücken dem andern etwas als Theil des Aequivalents für die bedungenen Gegenleistungen zahlte.

Verklagte recurriren noch auf den §. 218 l. c., wo es heißt, daß der Geber die Draufgabe verliert, wenn der Vertrag durch die Schuld des Gebers zurückgeht. Es handelt jedoch dieser Paragraph nicht von nichtigen Verträgen, sondern von rechtsgültigen, die durch die Schuld des Gebers rückgängig werden. Bei Verträgen, die nach den Gesetzen nichtig sind, haben die Verabredungen von Anfang an keine Wirksamkeit, und es kann deshalb der Grund ihrer Effectlosigkeit nicht in der Schuld eines Contrahenten liegen.

Dem ersten Richter muß endlich auch darin beigetreten werden, daß die Bestimmung der Verordnung vom 13. Mai 1840, wonach aus Verträgen der vorliegenden Art, keine gerichtliche Klage zugelassen werden soll, sich nur auf Klagen bezieht, welche die Realisirung des Vertrages bezwecken, daß aber die Rückforderung des auf Grund des ungültigen Vertrags Gezahlten dadurch nicht gehindert werden soll.

Der Zweck der qu. Verordnung ist, die Nachtheile, welche der Verkehr mit ausländischen Papieren herbeiführte, zu verhüten, keineswegs aber, daß ein Contrahent sich mit dem Schaden des Anderen bereichern und während er von der Gegenleistung befreit bleibt, berechtigt sein sollte, das nur aus Rücksicht auf diese ihm Gezahlte zu behalten. Der Umstand, daß Kläger bei Erfüllung des Vertrags einen noch größeren Schaden haben konnte, relevirt nichts, denn gegen diesen Schaden sichert ihn die qu. Verordnung und den Schaden, welchen etwa Verklagte wegen Nichterfüllung des Vertrags haben könnten, müssen sie sich selbst zuschreiben, weil sie einen ungültigen Vertrag eingingen.

Zu bemerken ist noch, daß der §. 172, 16, Th. I. A. L.-R. dem Kläger nicht entgegensteht. Denn wenn auch die Verordnung vom 13. Mai 1840 die erwähnten Lieferungsverträge für nichtig erklärt, so bedroht es dieselben noch nicht mit einer Strafe, wie dieses in §. 2. des Gesetzes vom 19. Januar 1836 bei Lieferungsverträgen über spanische Papiere geschehen ist.

Gegen diese Entscheidung legten die Verklagten das Rechtsmittel der Nichtigkeitsbeschwerde ein, welche mittelst Urtels des Geheimen Ober-Tribunals vom 22. Aug. 1845 verworfen wurde.

Gründe:

Imploranten finden in der Ausführung des Appellationsrichters eine dreifache Verletzung von Rechtsgrundsätzen, indem sie zur Begründung dieser Beschwerde behaupten:

1) Der Appellationsrichter leite ihre Verpflichtung zur Rückzahlung des auf Grund eines nach der Verordnung vom 13. Mai 1840

nichtigen Lieferungsvertrages empfangenen Angeldes einzig und allein aus §. 221, Tit. 5, Th. I. des A. L.-R. her. Er habe indessen dieses Gesetz offenbar auf einen Fall angewendet, für den es nicht passe und nicht gegeben worden. Denn es spreche nicht vom Angelde, und aus §. 207, l. c. folge nicht, daß das Angeld zugleich als Draufgabe, sondern nur, daß Draufgabe zugleich als Angeld zu betrachten sei. Das Erstere würde eine Widersinnigkeit enthalten, weil Angeld dasjenige sei, was auf Abrechnung der übernommenen Verbindlichkeit vorausgegeben werde, während das Letztere den sehr richtigen und durch §. 208 l. c. näher bestimmten Sinn habe, daß wenn die Draufgabe mit der contractlichen Leistung des Gebers gleichartig sei, sie zugleich im Mangel anderer Verabredung als Angeld betrachtet werden solle, entgegengesetzten Falls aber nicht. Sie bleibe alsdann Draufgabe und von ihr allein — nicht vom Angelde, — als dem bloßen Zeichen und Beweise des geschlossenen Vertrages und einer ungleichartigen Leistung handelten die folgenden Paragraphen, unter denen sich der §. 221 l. c. befindet. Dies ergebe sich deutlich aus den §§. 217—225. Der §. 221 l. c. sei also unrichtig angewendet und darin liege die gerügte Nichtigkeit.

2) Ebenso unrichtig sei die Vorschrift im §. 1 des Gesetzes vom 13. Mai 1840,

daß aus dergleichen Verträgen eine gerichtliche Klage überall nicht zugelassen werden solle,

nur auf solche Klagen angewendet, welche die Realisirung des Vertrages bezweckten, da der Gesetzgeber im weitesten Umfange die Annahme jeder, auf einen solchen Vertrag bezüglichen Klage ohne allen Unterschied untersagt habe. Jene Worte des Gesetzes ließen keine andere Deutung zu, als daß eine Klage nicht gestattet werden solle, möge der Anspruch selbst gerichtet sein, worauf er wolle. Daß der von dem Kläger geltend gemachte Anspruch aus einem solchen, nach jenem Gesetze verpönten Vertrage herrühre, könne nicht zweifelhaft sein, weil das Angeld zur theilweisen Erfüllung jenes Vertrages entrichtet, und die Klage dadurch substantiirt sei, daß ihr jener Vertrag zum Grunde gelegt, dessen Ungültigkeit behauptet und die in theilweiser Erfüllung desselben geleistete Zahlung zurückgefordert werde. In dieser unrichtigen Anwendung des §. 1 des Gesetzes vom 13. Mai 1840 liege mithin eine fernere Verletzung eines Rechtsgrundsatzes. Endlich

3) sei der §. 179, Tit. 16, Th. I. des A. L.-R. zu Unrecht von dem Appellationsrichter nicht angewendet worden. Derselbe verordne:

„War bei dem Zahlenden eine, wenn auch nur unvollkommene Pflicht zur Zahlung vorhanden, so findet keine Rückforderung statt, wenn gleich derselbe, wegen eines vorhandenen positiven Gesetzes, zur Zahlung wider seinen Willen nicht hätte angehalten werden können."

Der Appellationsrichter meine zwar, daß Stipulationen, welche das Gesetz für nichtig erkläre, keine moralische Verbindlichkeit begründen könnten. Diese Ansicht beruhe jedoch auf einer unrichtigen Auffassung eines im Sinne des Gesetzes vom 13. Mai 1840 nichtigen Vertrages.

Der Gesetzgeber erkläre diese Verträge nicht für unerlaubt und strafbar, sondern nur im Gegensatze mit den sofort erfüllten und rechtsgültigen, für nichtig und der Klagbarkeit beraubt, er verbiete sie also nicht, sehe sie aber vor dem Gesetze als nicht existirend, also rechtsungültig und nur unvollkommene Rechte (§§. 85 und 86 der Einleitung zum A. L.-R.) mit sich führend an, was durch §§. 577 und 578, Tit 11, Th. I. des A. L.-R. bei Spielschulden bestätigt werde. Das angefochtene Erkenntniß sei daher wegen Nichtbeachtung des §. 179, Tit. 16 Th. I. des A. L.-R. nichtig.

Diese Beschwerden sind sämmtlich hinfällig. Denn

ad 1, ist es durchaus unbegründet wenn die Imploranten die Anwendbarkeit der Vorschriften in den §§. 217—225, Tit. 5, Th. I. des A. L.-R. auf ein gezahltes Angeld bestreiten und daraus den Vorwurf einer Nichtigkeit herzuleiten suchen. Das A. L.-R. handelt von §. 185 l. c. an von der Verstärkung der Verträge, und darunter §. 205 seq. von der Draufgabe (arrha). Es unterscheidet die eigentliche Draufgabe und die als Wandelpön verabredete, die sogenannte arrha confirmatoria und poenitentialis. Die erstere kann nun wieder entweder ausdrücklich zugleich auf Abrechnung der übernommenen Verbindlichkeit vorausgegeben werden, dann ist sie Angeld, oder es ist über diese Anrechnung nichts gesagt, dann wird sie im Falle der Gleichartigkeit, mit dem, was der Gebende zu leisten hat, auf dieses angerechnet und (stillschweigend) als Angeld betrachtet — §. 207 l. c. —

oder sie ist ungleichartig mit der contractlichen Leistung des Gebers, dann gilt sie nicht als Angeld, ihr Werth wird dem Geber nicht auf seine contractliche Leistung angerechnet. Hieraus ergiebt sich denn, daß an sich das Angeld zugleich die Natur einer Draufgabe hat und daß nur das Characterische desselben darin gefunden werden muß, daß es, nach ausdrücklicher Verabredung der Contrahenten, gleichzeitig auf die vertragsmäßige Leistung des Gebenden angerechnet werden, während dies sonst, wenn Gesetz und Vertrag nicht das Gegentheil bestimmen, nur dann nach Vorschrift des §. 207 l. c. der Fall sein soll, wenn die Draufgabe mit der contractlichen Leistung des Gebenden gleichartig ist. Damit stimmen auch die Grundsätze des gemeinen deutschen Rechts, in welchem die arrha unter dem Namen: Drangeld, Angeld, gleichwie die römische sogen. arrha confirmatoria (pacto perfecto data)

cfr. Weiske Rechtslexicon art. Arrha Bd. I. p. 459,

welche zum Beweise des geschlossenen Vertrages diente und als ein Theil des Kaufgeldes angesehen wurde, der nur das Eigenthümliche erfolgter Vorausbezahlung hatte, in der Regel und ohne entgegengesetzte Verabredung unter den Contrahenten, kein Reurecht ertheilte und als Draufgeld auf den Kaufpreis anzunehmen war.

cfr. Mittermaier deutsches Privatrecht edit. II. §. 193.

Hiernach ist der §. 221, Tit. 5, Th. I. des A. L.-R. von dem Appellationsrichter im vorliegenden Falle um so mehr mit Recht zur Anwendung gebracht, als sich aus dem Reverse vom 30. Mai 1844 deutlich ergiebt, daß die Contrahenten die streitigen 285 Thlr. 21 Sgr. 6 Pf. Angeld nicht bloß als eine anticipirte Abschlagszahlung auf das Kaufgeld für die zu liefernden Actien, sondern in der That als eine Draufgabe, als ein Beweis resp. Verstärkungsmittel des geschlossenen Vertrages, über welchen von Seiten des Klägers nichts Schriftliches existirte, insofern betrachtet haben, als die Empfänger darin nicht bloß über eine Abschlagszahlung in der angegebenen Höhe quittiren, sondern eben über ein Angeld, welches sie dem Kläger zur Zeit anzurechnen versprechen.

Damit erledigt sich denn auch von selbst die Beschwerde ad 3, weil nun in den Vorschriften über das Draufgeld besondere, auf den vorliegenden Fall vollkommen anwendbare Rechtsnormen für die Entscheidung vorhanden sind, und schon aus diesem Grunde ein Zurückgehen auf die Lehre von der condictio indebiti, von einer aus Irrthum auf Grund einer vermeintlichen aber nicht wirklich vorhandenen Verbindlichkeit geleisteten Zahlung (§. 166, Tit. 16, Th. I. des A. L.-R.) und somit auf §. 179 l. c. ausgeschlossen bleiben muß. Es ist aber auch überhaupt eine condictio indebiti von dem Kläger gar nicht angestellt, und das Verhältniß der streitenden Parteien auch keinesweges aus diesem Gesichtspuncte aufzufassen, da der Kläger überall nicht behauptet, daß er aus einem Irrthum und in der Absicht, eine vermeinte Verbindlichkeit zu erfüllen, das Angeld bezahlt habe, vielmehr, nächst der vorgeblich nicht rechtzeitigen Erfüllung von Seiten der Imploranten, sich wesentlich auf die von dem Gesetze ausgesprochene Nichtigkeit des nicht Zug um Zug erfüllten Vertrages, ganz abgesehen von einem dieserhalb bei ihm stattgehabten Irrthum, beruft. In der That kann auch von einer für ihn bestehenden, die Rückforderung ausschließenden und durch die Zahlung des Angeldes getilgten unvollkommenen Verbindlichkeit nicht die Rede sein. Mag der Sprachgebrauch des A. L.-R. in Beziehung auf nichtige und rechtsungültige Geschäfte noch so ungenau und schwankend sein, so kommt es doch hier zunächst auf eine Auslegung des §. 1 des Gesetzes vom 13. Mai 1840 an. Dieser erklärt Verträge über ausländische Schuldpapiere, insbesondere Actien auswärtiger Gesellschaften und Institute, zu denen die hier in Frage stehenden Rheinschanz-Beybacher unbestritten gehören, sofern sie nicht Zug um Zug erfüllt worden, für ohne Ausnahme nichtig und gestattet aus ihnen überall keine Klage und ebenso wenig aus Vergleichen über dieselben, und daraus folgt dann, daß sie dies auch bei einer nur theilweisen Erfüllung von einer oder von beiden Seiten sind. Das Gesetz sieht sie als gar nicht vorhanden, als materiell völlig unwirksam an, und gestattet den Interessenten keinesweges, sie durch Vereinbarung irgend einer Art rechtlich wirksam zu machen, nur die vollendete Thatsache der vollständigen, von beiden Seiten (Zug um Zug) erfolgten Erfüllung schützt es durch Anerkennung, und daraus ergiebt sich, daß es eben nur unter dieser Voraussetzung, eine vollkommene Verbindlichkeit, ähnlich wie im §. 179, Tit. 16, Th. I. des A. L.-R., wirksam werden läßt und die vollständig erfüllte Leistung nicht rückgängig gemacht haben will. So lange aber ein solches, vollständig abgemachtes Geschäft nicht vorliegt, erkennt das Gesetz überall gar keine Verbindlichkeiten an, alles was verabredet und geleistet worden, ist nichtig, es ist vor dem Gesetze nicht existent, es hat auch gar keine rechtliche Wirksamkeit und der, welcher etwas auf Grund eines solchen Rechtsgeschäftes empfing, besitzt von Anfange an sine causa, er erwirbt daran gar kein Recht, er hat weder eine Klage, noch eine Einrede, wie das Gesetz im §. 86 der Einleitung zum Landrechte sich ausdrückt. Der Vertrag kann wegen Mangels der rechtlichen Erfordernisse nicht bestehen und deswegen muß nach §. 221, Tit. 5, Th. I. des A. L.-R. das Angeld zurückgezahlt werden, welches, wenn es auch gleichzeitig auf die contractliche Leistung des Klägers in Anrechnung kommen soll, doch eben als solches seine eigenthümliche rechtliche Natur hat und nicht lediglich als theilweise Erfüllung des Vertrages aufgefaßt werden kann. Die gerügte Nichtbeachtung des §. 179, Tit. 16, Th. I. des A. L.-R. ist daher ohne Grund. Wenn nun endlich

ad 2) Imploranten dem Appellationsrichter noch eine unrichtige Anwendung des §. 1 des Gesetzes vom 13. Mai 1840 zum Vorwurfe machen, so irren sie auch darin. Schon aus der vorausgegangenen Ausführung ergiebt sich, daß der Gesetzgeber, wenn er in der als verletzt bezeichneten Gesetzstelle verordnet:

„und es soll eine gerichtliche Klage aus dergleichen Verträgen überall nicht zugelassen werden,"

nur solche Klagen gemeint haben kann, welche, die Realisation des Vertrages, sei es durch Erfüllung der übernommenen Leistung selbst, sei es durch Entschädigung für dieselben, wenn sie gar nicht, oder wenn sie nicht rechtzeitig bewirkt worden, zum Zwecke haben, und daß er insofern „überall" eine Klage nicht verstattet haben will. Daß aber auch die Rückforderung des sine causa, ohne alle Verpflichtung dazu und ohne Anrecht auf entsprechende Gegenleistung Geleisteten damit ausgeschlossen werde, daß der Empfänger in die Lage versetzt sein solle, sich mit dem Schaden des andern Theiles ohne Recht zu bereichern, läßt sich ohne eine dahingehende ausdrückliche Bestimmung des Gesetzgebers nicht annehmen. Zu welchen Ungereimtheiten aber eine solche Annahme nothwendig führen müßte, wird klar, wenn man den Fall setzt, daß der Empfänger, nach Zahlung des Angeldes, die Gegenleistung zu verweigern, sich veranlaßt fände. Dies würde dem bestimmt vorliegenden Zwecke des Gesetzes, wie er sich in der Einleitung zu demselben und zu der Verordnung vom 19. Januar 1836 (Gesetzsammlung S. 9.) ausgesprochen findet „den verderblichen Mißbräuchen, welche sich in dem Verkehre mit (ausländischen) Schuldpapieren offenbart haben, durch gesetzliche Maßregeln zu begegnen" schnurstracks entgegenlaufen. Denn diese Maßregeln können nur dahin gerichtet sein, die Nachtheile, welche der Verkehr mit solchen Papieren früher erzeugte, zu verhüten, nicht aber deren neue zu erzeugen und den Empfänger einer Anzahlung gleichzeitig von der Gegenleistung und der Erstattung des Empfangenen zu entbinden. In der That kann man nach jetzigem Sprachgebrauche, und nur darauf kann es ankommen, nicht sagen, daß die Klage auf Erstattung des gezahlten Angeldes eine Klage aus dem Lieferungsvertrage sei. Darunter darf man, insbesondere in Verbindung mit der ausgesprochenen Nichtigkeit der gedachten Verträge, nur Klagen verstehen, welche auf Geltendmachung der Stipulationen des Vertrages, dem Gesetze zuwider, gerichtet sind, nicht solche, welche im Einklange mit demselben, zwar in Veranlassung des Vertrages, nicht aber aus demselben und zur Ausführung der darin enthaltenen Verabredungen, angestellt, vielmehr dahin gerichtet sind, solche rückgängig zu machen, und die Unwirksamkeit desselben anerkennen und voraussetzen. Hätten auch dergleichen Klagen untersagt sein sollen, so hätte der Gesetzgeber dies ebenfalls ausdrücklich bestimmen müssen. Da dies nicht geschehen ist, der Grund des Gesetzes (ratio legis) aber darauf nicht führt, so erscheint auch die Auslegung, welche der Appellationsrichter dem §. 1 des Gesetzes vom 13. Mai 1840 gegeben hat, als die richtige, und die hiergegen von dem Imploranten gerichtete Beschwerde ist grundlos.

No. 10 c.

Urtheil des Stadt-Gerichts zu Breslau vom 20. August 1844.

Laut Schlußzettel vom 19. Mai c. verpflichtete sich der Verklagte, 30,000 Lires in Livorno-Florenzer Eisenbahn-Aktien-Promessen zum Course von 133 Prozent ultimo Juni c. an den Kläger zu liefern, und empfing von demselben ein Angeld von 400 Thlrn. Jetzt will der Kläger dieses Geschäft nicht gelten lassen und fordert, gestützt auf die Bestimmungen des Gesetzes vom 30. Mai 1840 das gezahlte Angeld nebst 5 Prozent Zinsen seit Behändigung der Klage von dem Verklagten zurück.

Der Verklagte hat den Anspruch bestritten, und zwar mit Recht.

Die Fälle, in denen das auf Grund einer vermeintlichen, aber nicht wirklich vorhandenen Verbindlichkeit Gezahlte zurückgefordert werden kann, sind durch die §§. 166 u. ff. Tit. 16. Th. I. des A. L.-R. bestimmt.

Von diesen Fällen liegt keiner vor. Wollte daher der Kläger die von ihm geleistete Zahlung widerrufen, so hätte er den Widerruf nach Vorschrift des §. 178 a. a. O. zu begründen, und vor allen Dingen nachweisen müssen, daß für ihn gar keine, auch nicht einmal eine moralische Verbindlichkeit zur Zahlung vorhanden gewesen ist. — Diesen Nachweis hat er nicht geführt; es ergiebt sich im Gegentheile, daß er wirklich eine solche Verbindlichkeit gehabt hat.

Obgleich nach der Verordnung vom 13. Mai 1840 Verträge über ausländische auf jeden Inhaber lautende Papiere, welche nicht sofort Zug um Zug erfüllt werden, nichtig sind, so gehören sie doch nicht zu den verbotenen.

Dieses Gesetz hat nur, wie auch die Einleitung zu demselben besagt, den Verkehr mit ausländischen Papieren beschränken wollen; es erklärt die dieserhalb geschlossenen Verträge nicht für unerlaubt, sondern entzieht ihnen nur die rechtliche Wirkung, und läßt sie sogar für den Fall, daß sie von beiden Theilen erfüllt werden, zu Recht bestehen.

Die verbindliche Kraft derartiger Verträge ist demnach in den Willen der Contrahenten gestellt und beruht auf dem Vertrauen derselben zu einander, und ihrer Redlichkeit. Hieraus folgt, daß jeder Theil wenigstens eine moralische Verbindlichkeit zur Leistung dessen hat, wozu ihn der Contrakt verpflichtet.

Auf Grund einer solchen Verbindlichkeit hat auch Kläger gezahlt; die Zahlung erfolgte nicht irrthümlich, da der Kläger mit den Bestimmungen des Gesetzes vom Jahre 1840 bekannt sein mußte; und der Verklagte, welcher die Erfüllung seiner vertragsmäßigen Verbindlichkeiten niemals verweigert hat, erhielt in der That nur dasjenige, was ihm zukam.

Unter diesen Umständen steht dem Kläger das Rückforderungsrecht nicht zu. §. 178 a. a. O.

Könnte hierüber noch ein Zweifel obwalten, so würde das Gesetz vom 13. Mai 1840 denselben beseitigen. Denn dieses verordnet ohne Unterschied der Fälle, daß aus Verträgen über ausländische Papiere au porteur, wenn sie nicht von beiden Theilen Zug um Zug erfüllt werden, eine gerichtliche Klage überall nicht zugelassen werden, auch aus Vergleichen über hiernach ungültige Geschäfte weder Klage noch

Exekution stattfinden solle. Hiermit hat der Gesetzgeber deutlich ausgesprochen, daß aus einem solchen unabgemachten Geschäfte für keinen der Kontrahenten ein rechtlicher Anspruch entsteht, und die Verfolgung desselben im Rechtswege unter keinen Umständen stattfindet.

No. 10 d.

Urtheil des Stadt-Gerichts zu Berlin vom 5. Oktober 1844.

Unter dem 31. Mai c. schlossen Kläger und Verklagte ein in einem schriftlichen Reverse des Klägers anerkanntes mündliches Abkommen dahin ab, daß die Verklagten dem Kläger 10,000 Thlr. Rheinschanz-Beybacher Eisenbahn-Actien acht Tage nach dem Erscheinen derselben zum Course von 116 3/4 Procent liefern sollten, und zahlte Kläger dem Verklagten a conto auf das Agio im Voraus 285 Thlr. 21 Sgr.

Kläger behauptet nun, daß er durch das Gesetz vom 13. Mai 1840 berechtigt sei, von dem gedachten Vertrage, da derselbe ein Zeitgeschäft über ausländische Actien enthalte, zurückzutreten, und beantragt:

> die Verklagten zur Zurückzahlung der 285 Thlr. 21 Sgr. zu verurtheilen.

Verklagte machen den Einwand, daß dem klägerischen Antrage wegen Rückgabe der mehrgedachten 285 Thlr. 21 Sgr. schon der §. 1 des von demselben herangezogenen Gesetzes vom 13. Mai 1840, wonach eine Klage aus solchen Verträgen überall unzulässig sei, entgegenstehe. Sie tragen an:

> den Kläger mit seiner Klage abzuweisen.

Diesem Antrag mußte auch willfahrt werden.

Das Rückforderungsrecht kann nur nach den Vorschriften bei der condictio indebiti beurtheilt werden. Die condictio sine causa ist dem Landrechte nicht bekannt, und das Geschäft ist kein an sich unerlaubtes, im Gesetze verbotenes, es ist sogar bei sofortiger Erfüllung rechtsgültig, und nur die gerichtliche Klagbarkeit ausgeschlossen für den Fall, daß diese Erfüllung erst auf später verabredet ist. Deshalb ist auch nicht verordnet, daß wie bei sonstigen unerlaubten Geschäften der Fiskus das Gegebene reklamiren, oder gar noch eine Strafe fordern könne. Der Kläger darf dies auch selbst nicht einmal behaupten, da er sonst als Theilnehmer an einer unerlaubten Handlung das Gegebene nicht zurückfordern könnte. A. L.-R. §. 172 Th. I. Tit. 16. Es können daher nur die Bestimmungen wegen der Rückforderung dessen, was „auf Grund einer vermeinten, aber nicht wirklich vorhandenen Verbindlichkeit bezahlt worden" (§. 163, Tit. 16, Th. l. des A. L.-R.) zur Anwendung kommen, und hiernach kann es keinem Zweifel unterliegen, daß die Klage unbegründet ist. Nach §. 178 a. a. O. muß zur Begründung eines solchen Rückforderungs-Anspruchs nachgewiesen sein: daß für die Person des Zahlenden gar keine, auch nicht eine bloß moralische Verbindlichkeit zur Zahlung vorhanden gewesen sei; dies kann aber vom Kläger nicht behauptet werden, da das Geschäft kein an sich unerlaubtes, sondern nur ein nicht klagbares, und mithin eine moralische Verbindlichkeit wohl für ihn vorhanden war. Der §. 179 bestimmt ausdrücklich in voller Anwendbarkeit auf den vorliegenden Fall:

> War bei dem Zahlenden eine, wenn auch nur eine unvollkommene Pflicht zur Zahlung vorhanden, so findet keine Rückforderung statt, wenngleich derselbe wegen eines vorhandenen positiven Gesetzes zur Zahlung wider seinen Willen nicht hätte gezwungen werden können.

Hieraus rechtfertigt sich allein schon die Abweisung des Klägers. Es mangelt aber außerdem noch ein anderes Requisit der condictio indebiti, nämlich: daß die Zahlung aus einem wirklichen Irrthum geschehen sei (§. 178 l. c.). Ein faktischer Irrthum ist aber von dem Kläger nirgends behauptet, und ein Rechtsirrthum würde ihn nicht schützen, da jeder Unterthan die Gesetze kennen muß; übrigens hat Kläger auch nicht einmal die Behauptung aufgestellt, daß er bei Abschluß des Vertrags das Gesetz vom 13. Mai 1840 nicht gekannt habe.

Bei diesen Gründen zur Abweisung des Klägers kann es dahin gestellt bleiben, ob auch noch das letzte Requisit der condictio indebiti: daß der Empfänger durch die Zahlung einen Vortheil erlangt habe, zu welchem er gar kein Recht hatte, vorhanden ist, wie die Verklagten behaupten, da der Mangel eines Erfordernisses schon die Rückforderung ausschließt.

Die Rückzahlung kann Kläger nicht verlangen, und wenn er auch das Angezahlte verliert, so genießt er wenigstens durch das Gesetz vom 13. Mai 1840 den Vortheil, daß er nicht zur Erfüllung des ihm zur Zeit sehr nachtheiligen Vertrages angehalten werden kann.

No. 11.

Urtheil des Rheinischen Appellations-Gerichts-Hofes vom 12. November 1851.

Am 19. Juni 1850 klagte der Kaufmann H. zu Berlin gegen das Bankierhaus X. zu Köln bei dem Handelsgericht zu Köln auf Zahlung:

1) von 483 Thlr. 28 Sgr. nebst Zinsen seit dem 7. Mai 1844, und
2) von 808 Thlr. nebst Zinsen seit dem 13. Mai 1844.

In der Ladung und bei der Verhandlung wurde zur Rechtfertigung der Klage ausgeführt: gemäß Schlußschein des Wechselagenten Haas in Köln vom 29. April 1844 habe das Bankierhaus X. dem Kläger 300,000 Franken auf das Lafitte'sche Eisenbahnanlehen von 750 resp. 250 Millionen Franken für den Fall al pari zugesichert, wenn das französische Gouvernement das Unternehmen genehmige und habe sich für diese Zusicherung ½ Prozent Provision stipulirt, bezüglich welcher Provision es in jenem Schlußscheine heiße, daß solche dem Hause X. jedenfalls verbleibe, wenn auch das quest. Unternehmen nicht zu Stande komme.

Gemäß Schreiben des verklagten Hauses vom 2. Mai 1844 habe dasselbe auf den Kläger für jenes ½ Prozent und für Courtage den Betrag von 483 Thlr. 28 Sgr. entnommen, welche der Kläger am 7. desselben Monats gezahlt habe. In einem Schreiben vom 16. Mai 1844 habe Kläger angefragt, ob Verklagter ihm noch 500,000 Franken zu der Lafitte'schen Anleihe zu denselben Bedingungen abgeben wolle, in welchem Falle Verklagter sofort den Betrag (½ Prozent) entnehmen lassen könnte. Verklagter habe diesen Vorschlag durch Schreiben vom 9. deff. M. angenommen und auf den Kläger 808 Thlr. in einem am 13. deff. M. honorirten Accreditiv entnommen, nämlich ½ Prozent Provision und ein pro mille Courtage.

Gegen die Berechnung der letztern habe Kläger sofort am 13. desselben Monats Einspruch erhoben, weil das Geschäft ohne Vermittlung eines Mäklers geschlossen worden. Kläger verlange nun die also gezahlten Beträge nebst Zinsen zurück, weil 1) das ganze Geschäft nach dem Gesetze vom 13. Mai 1840 durchaus nichtig sei, mithin die Beträge indebite gezahlt worden und 2) weil sowohl Seitens des Beklagten als Seitens der Handlung J. Lafitte und Comp. in Paris gar nichts zur Genehmigung der fraglichen Eisenbahn-Anleihe geschehen sei.

Das beklagte Bankierhaus beantragte Abweisung der Klage. Diese wurde auch von dem Handelsgerichte aus dem Grunde ausgesprochen, weil gemäß dem Gesetze vom 13. Mai 1840 aus dem fraglichen Geschäfte eine gerichtliche Klage überall nicht zugelassen werden solle, — mithin auch nicht die gegenwärtige Klage.

H. ergriff die Berufung. Für ihn wurde ausgeführt: das Gesetz vom 13. Mai 1840 sei im Interesse der öffentlichen Ordnung erlassen. Es erkläre Verträge, wie der vorliegende, für absolut nichtig. Das appellatische Haus sei daher zur Erfüllung der Verträge nicht verpflichtet gewesen, und habe daher die bezogenen Summen sine causa erhalten. Die fraglichen Verträge seien auch nicht nach den Grundsätzen des Gesetzes über das Spiel, sondern nach der Specialbestimmung des Gesetzes vom 13. Mai 1840 zu beurtheilen, der Art. 1967 des B. G. B. sei mithin nicht anwendbar. Die Klage sei nicht aus dem Geschäfte, sondern aus indebite geleisteter Zahlung angestellt. Appellant habe jedenfalls die eingeklagten Beträge nur an die Genehmigung der französischen Kammern wagen wollen, und könne mithin, da das Projekt letzteren nicht vorgelegt worden, das Gezahlte zurückfordern.

Für den Appellaten wurde erwiedert: das Gesetz von 1840 habe zwar gewisse von ihm betroffene Verträge für nichtig erklärt, aber zugleich diese Nichtigkeit dahin erläutert, daß Klagen aus solchen Verträgen nicht zulässig sein sollen. Das Gesetz spreche also nicht für, sondern gegen die Klage des Appellanten, wenn überhaupt die Verträge unter dieses Gesetz fallen. Die von diesem Gesetz berührten Verträge berührten aber auch nicht die öffentliche Ordnung, sondern nur das Privatinteresse der Parteien. Dieselben erzeugten jedenfalls eine natürliche Verbindlichkeit, die allerdings gemäß Art. 1967 unwiderruflich erfüllt werden könne.

Durch die vorliegenden Verträge sei übrigens die Rückgabe des Gezahlten unbedingt ausgeschlossen, ohne zu distinguiren, durch welches Ereigniß das fragliche Projekt unausgeführt bliebe. Appellat habe auch nicht als Verkäufer, sondern als Commissionair zu H. mit diesem contrahirt. Er habe für diesen in Paris einzeichnen und als Caution 5 % hinterlegen müssen, und für diese Leistungen sich die Provision und keineswegs ein Agio als Preis eines Verkaufs auf Lieferung stipulirt.

Die letztere Behauptung wurde von dem Appellanten bestritten, indem er ausführte: daß in dem Schlußscheine vom 29. April 1844 kein Auftrag, sondern die Verpflichtung zu liefern vom Verklagten übernommen worden, ohne Rücksicht darauf: ob derselbe die Papiere selbst einzeichnen oder kaufen würde. Uebrigens unterlägen aber die fraglichen Verträge, wie man sie auch auffassen wolle, selbst wenn sie Commissionsgeschäfte wären, immer dem Gesetze von 1840.

Uebereinstimmend mit dem Antrage des öffentlichen Ministeriums erging folgendes reformatorische

Urtheil.

J. E., daß nach §. 1 der appellantischer Seits angerufenen Verordnung vom 13. Mai 1840 Verträge über Aktien oder Geldpapiere auswärtiger Gesellschaften nichtig sind, sofern dieselben nicht sofort von beiden Theilen Zug um Zug erfüllt werden;

Daß die hier in Frage stehenden Geschäfte zu der Eingangs bezeichneten Gattung von Verträgen gehören, und zwar um so unzweifelhafter, als dieselben, obgleich sie durch den gebrauchten Ausdruck „Provision" als Commissionsgeschäfte qualifizirt werden zu sollen scheinen, im Grunde eigentliche Kaufgeschäfte darstellen;

Daß nämlich aus dem ganzen Zusammenhange der Sache, insbesondere auch aus dem die Offerte zu dem zweiten Geschäfte à 500,000 Franken enthaltenden Schreiben des appellatischen Hauses d. d. Köln den 9. Mai 1844 sowie aus der seinen Akten beigefügten Denkschrift sich ergiebt, daß das appellatische Haus eine von ihm für eigene Rechnung zum Zwecke der Spekulation gemachte Zeichnung auf das Lafitte'sche Anleiheprojekt gegen einen Aufschlag von ½ Prozent in der Art an den Appellanten übertragen hat, daß es verpflichtet gewesen sein würde, Letzterm eine entsprechende Anzahl von Obligationen al pari zu liefern, falls das Projekt überhaupt zur Verwirklichung gekommen wäre, ein Sachverhältniß, welches unverkennbar die Kriterien eines Kaufgeschäfts herausstellt;

J. E., daß eine Erfüllung der fraglichen Verträge Zug um Zug im Sinne der angeführten Verordnung nicht stattgefunden hat, auch nicht stattfinden konnte, da die eventuell zugesicherten Obligationen in Wirklichkeit noch gar nicht existirten;

J. E., daß, wenn nach dem vorstehend Ausgeführten die in Rede stehenden Geschäfte auf Grund des §. 1 cit. für nichtig zu erachten sind, auch eine Klage zum Zwecke der Rückerstattung der auf dieselben gezahlten Beträge gerechtfertigt erscheint;

Daß der vom Richter a quo zur Begründung seiner entgegengesetzten Entscheidung bezogene Passus der vorgedachten Gesetzesstelle, daß aus solchen Verträgen „eine gerichtliche Klage überall nicht zugelassen werde," irrig von demselben gedeutet worden ist, indem dieser Ausdruck nur eine Exemplifikation der ganz allgemein verhängten Nichtigkeit in sich schließt, übrigens aber auch gegenwärtige Klage nicht auf die mehrerwähnten Verträge, sondern auf die Thatsache gegründet wird, daß troß ihrer Nichtigkeit, mithin ohne irgend eine zu Recht beständige causa die zurückgeforderten Zahlungen gemacht worden seien;

J. E., daß schon aus dem Gesagten die Unanwendbarkeit der für das Spiel geltenden gesetzlichen Bestimmungen, insbesondere hinsichtlich der Ausschließung der Rückforderung gezahlter Spielschulden erhellt, wie denn überhaupt die Rücksichten der Billigkeit und des guten Glaubens dem Zwecke sowohl als dem Ausdrucke des hier zur Anwendung kommenden Verbotsgesetzes gegenüber weiter nicht in Betracht gezogen werden können;

J. E., daß nach Allem diesem die Klage gerechtfertigt erscheint, mit Ausnahme jedoch des Anspruchs auf Rückzahlung der, zufolge Schlußscheins vom 29. April 1844, an den Verklagten gezahlten Makler-Gebühr im Belaufe von 300 Franken, da der appellatische Theil diese Summe nicht in eigenem Namen und für sich, sondern für den Makler Haas in Empfang genommen hat, wohingegen die bei dem zweiten Geschäfte zu 500 Franken berechnete Makler-Gebühr appellatischer Seits als Theil des Kaufpreises in Ansatz gebracht worden und daher zurückzuerstatten ist, u. s. w.

Aus diesen Gründen

verurtheilt der A. G. H. unter Reformation des Urtheils des Handelsgerichts zu Köln vom 19. Juli 1850 das appellatische Handlungshaus zur Zahlung von 1211 Thlr. 28 Sgr. u. s. w.

No. 12.

Urtheil des Ober=Tribunals vom 4. Oktober 1847.

Die Kaufleute A. und H. B. zu M., welche sich im Herbste 1844 für eigne Rechnung bei der Friedrich=Wilhelm=Nordbahn betheiligten, erhielten von dem Gottlieb P., der damals bei ihnen als Kommis in Kondition stand, den Auftrag, auch für ihn 100 Aktien à 100 Rthlr. zu zeichnen. Es wurden auf ihn in Folge der durch A. und H. B. in seinem Namen geschehenen Anmeldung 50 Aktien bewilligt. Die Letzteren zahlten die ersten 10 Prozent, welche sofort erlegt werden mußten, aus eigenen Mitteln ein, und erhielten demnächst die entsprechenden Quittungsbogen zugeschickt. Späterhin fielen jene Effecten im Course. A. und H. B. verkauften, als eine neue Einzahlung bevorstand, die für den P. angeschafften Papiere nebst den ihrigen. Sie nahmen ihn demnächst wegen Erstattung ihrer Auslagen nach Abzug des Erlöses für die veräußerten Papiere auf Höhe von 394 Rthlr. 23 Sgr. 11 Pf. nebst Zinsen in rechtlichen Anspruch, indem sie behaupteten, daß Verklagter sie mit der Zeichnung schriftlich beauftragt, und sie gebeten habe, die ersten 10 Proz. vorschußweise für ihn zu berichtigen, daß er sich ferner mit dem späteren Verkaufe der Papiere ausdrücklich einverstanden erklärt, und daß derselbe habe erfolgen müssen, um von dem Verklagten, der zu der zweiten Einzahlung keine Mittel besessen, einen größeren Nachtheil, den Verlust seines Anrechts, abzuwenden.

Der Verklagte bestritt, auf Grund der Verordnung vom 24. Mai 1844, die Zuläßigkeit der erhobenen Klage.

Die Kläger wurden auch durch die gleichlautenden Erkenntnisse des Königlichen Land= und Stadtgerichts zu Naumburg vom 3. Nov. 1846, sowie des dasigen Ober=Landesgerichts vom 14. April 1847 mit ihrer Klage abgewiesen. Sie wandten wider die zuletzt gedachte Entscheidung die Nichtigkeitsbeschwerde ein, und es wurde in Folge dessen von dem Geheimen Ober=Tribunal am 4. Oktober 1847 unter Vernichtung des zweiten und Abänderung des ersten Erkenntnisses, die Verurtheilung des Verklagten zur Zahlung der geforderten 394 Thlr. 23 Sgr. 11 Pf. ausgesprochen.

Gründe.

Mit Unrecht wird in dem angefochtenen Erkenntnisse auf den vorliegenden Fall der §. 2 der Verordnung vom 24. Mai 1844 in

Anwendung gebracht, wonach Verträge, welche nach Publikation dieses Gesetzes über Aktienpromessen, Interimsscheine, Quittungsbogen, oder sonstige, die Betheiligung bei einer Eisenbahnunternehmung bekundende, aber vor Berichtigung des vollen auf die Aktien oder Obligationen einzuzahlenden Betrages ausgegebene Papiere errichtet worden, nur bei ihrer sofort von beiden Theilen Zug um Zug geschehenden Erfüllung rechtsgültig, sonst aber ohne Ausnahme dergestalt nichtig sein sollen, daß eine Klage daraus überall nicht stattfindet.

Die Kläger sind, wie der vorige Richter selbst feststellt, von dem Verklagten beauftragt worden, für ihn bei der Friedrich-Wilhelm-Nordbahn Aktien zu zeichnen, und es kann ihnen, wenn sie diesen Auftrag ausführten, die gedachte Bestimmung nicht entgegengesetzt werden. Sie bezieht sich, wie schon die darin gebrauchten Worte lehren, lediglich auf solche Verträge, deren Gegenstand Papiere sind, welche die bereits geschehene Betheiligung bei einer Eisenbahnunternehmung beurkunden; und es können ihr die ursprünglichen Zeichnungen nicht unterliegen, weil dieselben dadurch insofern ganz unmöglich gemacht wären, als hierbei eine von beiden Seiten sofort Zug um Zug stattfindende Erfüllung unausführbar erscheint. Der Verklagte würde sich daher jedenfalls mit voller Wirkung bei der in Rede stehenden Eisenbahn unmittelbar haben betheiligen können; und es kann in der Sache nichts ändern, daß er sich dabei der Vermittlung der Kläger, welche als Bevollmächtigte in seinem Namen oder für ihn handelten, bediente. Der Vertrag zwischen den Parteien war nicht über ausgefertigte oder auszufertigende Interimsscheine oder Quittungsbogen geschlossen, vielmehr bestand er lediglich in einem den Klägern ertheilten und von ihnen angenommenen Auftrage, die Zeichnung selbst, welche die Ausfertigung und Aushändigung seiner Papiere erst zur Folge hatte, für den Verklagten zu besorgen. Der Gültigkeit eines solchen Mandats steht der §. 2 der Verordnung vom 24. Mai 1844 nicht im Wege, und es erscheint auch dabei ganz unerheblich, ob die ersten 10 Prozent, welche sofort erlegt werden mußten, von dem Verklagten gezahlt, oder von den Klägern vorschußweise berichtigt wurden, indem dadurch die Natur des Geschäfts nicht verändert werden konnte.

Der vorige Richter beruft sich auf den Zweck des Gesetzes, welcher am Eingange desselben dahin angegeben ist, daß die Mißbräuche, zu welchen

a) die Eröffnung von Aktienzeichnungen bei Eisenbahnunternehmungen, sowie

b) der Verkehr mit den dafür ausgegebenen Aktienpromessen und ähnlichen Papieren Anlaß gegeben hatten, beseitigt werden sollten. Aber auch hier wird zwischen den Zeichnungen, und dem Verkehr mit den in Folge derselben erst ausgefertigten Papieren unterschieden. Auf den ersten Fall bezieht sich die in §. 1 enthaltene Bestimmung, daß Niemand fortan bei Strafe von 50 bis 500 Rthlr. und Konfiskatiou des gezogenen Gewinns, ohne ausdrückliche Genehmigung des Finanz-Ministers Aktienzeichnungen für ein Eisenbahnunternehmen eröffnen oder Aktienanmeldungen dafür annehmen soll. Der zweite Fall ist im §. 2 des Gesetzes vorgesehen, und es gereicht daher der Eingang in Verbindung mit den darauf folgenden im §. 1 und 2 enthaltenen Bestimmungen nicht sowohl zur Bestätigung, als vielmehr zur Widerlegung der von dem Appellationsrichter aufgestellten Ansicht.

No. 13.

Urtheil des Appellations-Gerichts-Hofes zu Köln vom 6. November 1851.

Am 3. August 1847 schlossen die Appellaten mit dem Bankhause X. einen Vertrag durch Makler ab, wonach den Appellaten 20,000 Thlr. Köln-Mindener Prioritäts-Aktien (Obligationen) zum Course von 98¾ Prozent, lieferbar nach Erscheinen der zweiten Emissions-Rate, überlassen wurden.

Als diese zweite Rate emittirt worden, bezogen die Appellaten die Prioritäts-Obligationen nicht, der frühere Vertrag wurde aufgehoben und die neue Uebereinkunft am 29. März 1848 dahin abgeschlossen, daß die Appellaten in 3 Terminen 1200 Thlr. baar zu vergüten haben.

Nach Ablauf der Termine hat Kläger unter Zustellung einer Rechnung den Saldo von 1262 Thlr. nebst Zinsen vom 1. Januar 1850 eingeklagt, das Kgl. Handelsgericht zu Köln hat jedoch auf die Einrede der Verklagten, daß nach Inhalt des Gesetzes vom 24. Mai 1844 jene Verträge nichtig seien, die Klage abgewiesen.

Auf die Berufung des Bankhauses erging folgende Entscheidung.

I. E., daß sich die in dem §. 2 der Verordnung vom 24. Mai 1844 aufgeführten Verträge über Aktien, Promessen, Interimsscheine, Quittungsbogen u. s. w. ihrem Gegenstande nach sämmtlich auf den Verkehr mit solchen Papieren beschränken, wodurch, um die Worte des Paragraphen zu wiederholen, die Betheiligung bei einer Eisenbahn-Unternehmung bekundet werden soll;

Daß bei der durch die Eingangsworte und durch den Titel der Verordnung nahe gelegten Auffassung dieser Betheiligung als einer eigentlichen Mitbetheiligung oder Erwerbung eines Miteigenthums an der Eisenbahn-Unternehmung, die Unanwendbarkeit des bezogenen §. 2 im vorliegenden Falle außer Zweifel tritt, da der der Klage zu Grunde gelegte Vergleich über einen Vertrag abgeschlossen wurde, der sich, ohne daß dabei von den Contrahenten die Uebertragung oder Erwerbung irgend einer Mitbetheiligung bei der Köln-Mindener Eisenbahn-Gesellschaft gewährt oder bezweckt wurde, durchaus in den Grenzen eines Rechtsgeschäftes hält, welches diese Gesellschaft zum Zwecke der Realisirung eines von ihr beabsichtigten Anlehens mit einer dritten Person, einging, und an welchem Geschäfte dann die Appellaten unter bestimmten zwischen ihnen und dem Kläger vereinbarten Bedingungen Theil nahmen;

Daß aber auch, wenn die im §. 2 als das gemeinschaftliche Merkmal der betreffenden Verträge gewählte Bezeichnung der Betheiligung bei einer Eisenbahn-Unternehmung in einem weitern Sinne zu nehmen, und dahin auszudehnen ist, daß davon auch der Verkehr mit solchen Papieren umfaßt wird, die von Eisenbahn-Gesellschaften sub modo eines Anlehens contrahirt, hinsichtlich der Zunahme oder Abnahme ihres Kaufwerthes durch die größere oder geringere Solidität oder Prosperität des Eisenbahn-Unternehmens selbst bedingt erscheinen, — die Unanwendbarkeit des §. 2 auf das vorliegende Rechtsgeschäft unverändert fortbesteht, da die in diesem Paragraphen mit Rechtsungültigkeit belegten Verträge ebenfalls nach dem ausdrücklichen Wortlaute des Paragraphen immerhin nur Verträge über den Verkehr mit solchen Papieren sind, die außerdem, daß sie die Betheiligung bei einer Eisenbahn-Unternehmung bekunden sollen, vor Berichtigung des vollen, dafür einzuzahlenden Betrages ausgegeben werden, ein Umstand, dessen Mangel hier zu Tage liegt, da die von der Köln-Mindener Eisenbahn-Gesellschaft dem Kläger überlassenen, und von diesen dem Appellaten theilweise abgetretenen

Prioritäts-Obligationen eben erst gegen Auszahlung des dafür stipulirten vollen Betrages und nicht früher aus Händen der anlehnenden Gesellschaft in den Besitz des Darleihers übergegangen sind;

Daß also der erste Richter den hier in Frage stehenden Vergleich jedenfalls mit Unrecht der Bestimmung des §. 2 der mehr bezogenen Verordnung unterworfen hat und ein sonstiger Einwand gegen diesen Vergleich Seitens der Appellaten nicht erhoben wird.

Aus diesen Gründen

reformirt der Rh. A. G.-H. u. s. w., verurtheilt u. s. w.

Kolibri 360 GmbH
Ferdinand-Jühlke-Straße 7
99095 Erfurt, Deutschland
produktsicherheit@kolibri360.de